TER OU SER?

O GEN | Grupo Editorial Nacional – maior plataforma editorial brasileira no segmento científico, técnico e profissional – publica conteúdos nas áreas de ciências humanas, exatas, jurídicas, da saúde e sociais aplicadas, além de prover serviços direcionados à educação continuada e à preparação para concursos.

As editoras que integram o GEN, das mais respeitadas no mercado editorial, construíram catálogos inigualáveis, com obras decisivas para a formação acadêmica e o aperfeiçoamento de várias gerações de profissionais e estudantes, tendo se tornado sinônimo de qualidade e seriedade.

A missão do GEN e dos núcleos de conteúdo que o compõem é prover a melhor informação científica e distribuí-la de maneira flexível e conveniente, a preços justos, gerando benefícios e servindo a autores, docentes, livreiros, funcionários, colaboradores e acionistas.

Nosso comportamento ético incondicional e nossa responsabilidade social e ambiental são reforçados pela natureza educacional de nossa atividade e dão sustentabilidade ao crescimento contínuo e à rentabilidade do grupo.

Erich Fromm

TER OU SER ?

Tradução:
Nathanael C. Caixeiro
Professor de História das Idéias Contemporâneas
da Universidade Gama Filho

Quarta edição

- **Atendimento ao cliente: (11) 5080-0751 | faleconosco@grupogen.com.br**
- Título original:
  To Have or To Be?
  Traduzido da primeira edição, publicada em 1976 por Harper & Row, Publishers, Inc., de Nova York, correspondente ao volume n.º 50 da série World Perspectives, editada sob a orientação de Ruth Nanda Anshen

  A volume in the World Perspective Series planned and edited by Ruth Nanda Anshen

  LTC – Livros Técnicos e Científicos Editora Ltda.
  Uma editora integrante do GEN | Grupo Editorial Nacional
  Travessa do Ouvidor, 11
  Rio de Janeiro – RJ – 20040-040
  www.grupogen.com.br

- Ficha catalográfica

F958t
4.ed.

Fromm, Erich, 1900-1980
Ter ou ser? / Erich Fromm ; tradução Nathanael C. Caixeiro. - 4.ed. - [Reimpr.]. - Rio de Janeiro : LTC, 2023.
204p.

Tradução de: To have or to be?
Inclui bibliografia
ISBN 978-85-216-1661-0

1. Personalidade. 2. Ontologia. I. Título.

08-3583 CDD: 128
CDU: 128

O modo de fazer é ser.

LAO-TSÉ

Não se deve considerar tanto o que devemos FAZER, *quanto o que* SOMOS.

Mestre ECKHART

O homem deixa de SER *e manifestar sua vida na medida em que passa a* TER *e sua vida se torna mais alienada.*

KARL MARX

Sumário

SEGUNDA PARTE

ANÁLISE DAS DIFERENÇAS FUNDAMENTAIS ENTRE OS DOIS MODOS DE EXISTÊNCIA

TERCEIRA PARTE

O NOVO HOMEM E A NOVA SOCIEDADE

OBRAS DE ERICH FROMM

Análise do Homem *11ª edição* A inquietação e perplexidade do homem moderno e o sentimento de futilidade que o domina diante de suas realizações e conquistas.

Anatomia da Destrutividade Humana *2ª edição* Uma exegese radical das obscuras forças que levam o ser humano a assumir a condição demoníaca de animal.

Caráter Social de uma Aldeia Um estudo sociopsicanalítico do caráter social do camponês, as interações entre suas atitudes emocionais e condições socioeconômicas.

Conceito Marxista do Homem *7ª edição* Os manuscritos econômicos e filosóficos de Marx, e uma análise da filosofia marxista como um protesto contra a alienação do homem.

O Coração do Homem *5ª edição* A liberdade de escolher entre o bem e o mal, entre o amor e o ódio, entre a vida e a morte, e o uso que o homem faz dessa liberdade.

A Crise da Psicanálise *2ª edição* A Psicanálise e a Psicologia Social dentro da crise vertical do mundo moderno.

O Dogma de Cristo *5ª edição* Problemas religiosos, psicológicos e culturais vistos sob o ângulo psicanalítico e socioeconômico.

O Espírito de Liberdade *3ª edição* Uma revisão dos conceitos bíblicos à luz de sua validade ou não para o homem de hoje.

Grandeza e Limitações do Pensamento de Freud Publicado pouco antes da morte do autor, em 1980, este livro descreve as mais importantes descobertas do criador da Psicanálise e mostra, ao mesmo tempo, onde e de que forma o pensamento burguês de Freud limitou algumas dessas descobertas.

A Linguagem Esquecida *8ª edição* Uma introdução ao entendimento da linguagem simbólica: sonhos, contos de fadas e mitos.

O Medo à Liberdade *12ª edição* A estrutura do caráter do homem contemporâneo em seu aspecto decisivo para a crise de nossos dias: o significado da Liberdade.

Meu Encontro com Marx e Freud *7ª edição* Autobiografia intelectual de Erich Fromm, onde o grande psicanalista explica os caminhos que o levaram ao encontro de Freud e Marx.

A Missão de Freud *3ª edição* Profunda e lúcida análise crítica do fundador da Psicanálise.

Psicanálise da Sociedade Contemporânea *9ª edição* Uma dramática evidência de que, também nas democracias do século XX, a vida constitui, em muitos aspectos, uma fuga à liberdade.

A Revolução da Esperança *3ª edição* Uma tecnologia para servir a toda a humanidade, e não apenas para aumentar a riqueza e o poder de nações já ricas e poderosas.

A Sobrevivência da Humanidade *5ª edição* A crise do mundo moderno vista pelo duplo prisma da Psicanálise e do Marxismo.

Ter ou Ser? *4ª edição* A reconversão da Igreja e a humanização do Socialismo para solucionar as contradições angustiantes da sociedade industrial.

PERSPECTIVAS MUNDIAIS

O Que Significa Esta Série

A tese de *Perspectivas Mundiais* é a de que o homem está no processo de desenvolvimento de uma nova consciência que, a despeito do seu aparente cativeiro espiritual e moral, finalmente poderá elevar a raça humana para além do medo, da ignorância e do isolamento que atualmente a cercam. É a essa nascente consciência, a esse conceito de homem nascido de um universo observado através de uma nova visão da realidade, que *Perspectivas Mundiais* é dedicada.

O homem ingressou numa nova era de história evolutiva, uma era em que a mudança rápida é uma conseqüência dominante. Ele está lutando com uma mudança fundamental desde que interveio no processo evolutivo. Agora ele deve apreciar melhor esse fato e, depois, desenvolver a sabedoria para dirigir o processo rumo à sua realização em vez de à sua destruição. À medida que aprende a aplicar sua compreensão do mundo físico para finalidades práticas, ele está, na realidade, ampliando sua capacidade inata e aumentando sua habilidade e necessidade de comunicação, bem como sua habilidade de pensar e criar. E, como resultado, está substituindo um processo evolutivo dirigido para uma mente em sua luta contra as provações pela lenta, mas eficaz, evolução biológica que produziu o homem moderno através da mutação e da seleção natural. Pela intervenção inteligente do processo evolutivo, o homem acelerou e expandiu grandemente o âmbito das suas possibilidades. Mas ele não modificou o fato básico de que esse continua sendo um processo experimental, com o perigo de seguir caminhos que levam à esterilidade da mente e do coração, à apatia moral e à inércia intelectual e até mesmo o de produzir dinossauros sociais incapazes de viver num mundo em evolução.

Somente os líderes espirituais e intelectuais da nossa época, que têm uma paternidade nesse alargamento dos horizontes do homem, estão convidados a participar desta Série: os que estão cônscios da verdade de que, além da divergência entre os homens existe um poder unificador primordial, porquanto estamos todos unidos por uma humanidade comum, mais fundamental do que qualquer unidade de dogma; os que reconhecem que essa força centrífuga que espalhou e pulverizou a humanidade deve ser substituída por uma estrutura e processo integradores capazes de conferir significado e propósito à existência; os que compreendem que a própria ciência, quando não inibida pelas limitações da sua própria metodologia, quando disciplinada e humilhada, compromete o homem com uma série indeterminada de conseqüências até então inconcebíveis que dela podem fluir.

Esta série esforça-se por indicar uma realidade da qual a teoria científica só revelou um aspecto. É o compromisso com essa realidade que confere um propósito universal ao pensamento mais original e solitário de um cientista. Reconhecendo isso francamente, devolveremos a ciência à grande família das aspirações humanas pela qual os homens esperam realizar-se na comunidade mundial como seres pensantes e conscientes. Pois o nosso problema está em descobrir um princípio de diferenciação e, contudo, uma relação bastante lúcida para justificar e purificar o conhecimento científico, filosófico e todos os outros conhecimentos, tanto digressivos quanto intuitivos, aceitando sua interdependência. Esta é a crise de consciência tornada clara pela crise na ciência. Este é o novo despertar.

Cada volume oferece o pensamento e a crença do seu autor e mostra o caminho pelo qual a Religião, a Filosofia, a Arte, a Ciência, a Economia, a Política e a História podem construir aquela forma de atividade humana que leva em consideração, da maneira mais completa e precisa, a variedade, possibilidade, complexidade e dificuldade. Assim, *Perspectivas Mundiais* esforça-se por definir aquele poder ecumênico da mente e do coração que capacita o homem, através da sua misteriosa grandeza, a recriar sua vida.

Esta Série está comprometida com um reexame de todas as facetas do esforço humano que o especialista aprendeu a crer que podia deixar de lado sem perigo. Ela tenta mostrar o parentesco estrutural entre sujeito e objeto, a habitação de um dentro do outro. Ela interpreta acontecimentos presentes e passados que incidem sobre a vida humana em nossa crescente Idade Mundial e examina o que o homem poderia ainda atingir quando chamado por uma inflexível necessidade interior à investigação do que é mais enaltecido nele. Seu propósito é oferecer novas vistas em termos de desenvolvimento mundial e humano, ao mesmo tempo que se recusa a trair a estreita correlação existente entre a universalidade e a individualidade, a dinâmica e a forma, a liberdade e o destino. Cada autor lida com a compreensão cada vez maior de que espírito e natureza não estão separados e à parte; essa intuição e razão devem recuperar sua importância como o meio de apreender e fundir o ser interior com a realidade exterior.

Perspectivas Mundiais esforça-se por mostrar que a concepção de totalidade, unidade e organismo é uma concepção mais concreta do que a de matéria e energia. Assim, um significado ampliado da vida, a biologia, não como é revelado no tubo de ensaio do laboratório, mas conforme é experimentado dentro do organismo da própria vida, é tentado nesta Série, pois o princípio da vida consiste na tensão que liga o espírito ao âmbito da matéria, unidos simbioticamente. O elemento da vida é dominante na própria textura da natureza, transformando assim a vida, a biologia, numa ciência transempírica. As leis da vida têm sua origem além das suas simples manifestações físicas e nos obrigam a considerar sua fonte espiritual. Na verdade, a ampliação da estrutura conceptual não só tem servido para restaurar a ordem dentro dos respectivos ramos do conhecimento como também tem revelado analogias na posição do homem com relação à análise e síntese da experiência em domínios do conhecimento aparentemente separados, sugerindo a possibilidade de uma descrição objetiva cada vez mais coerente do significado da vida.

O conhecimento, conforme é mostrado nestes volumes, não mais consiste em um manuseio do homem e da natureza como forças opostas, nem na redução de dados a uma simples ordem estatística, mas é um meio de libertar a humanidade do poder destrutivo do medo, apontando o caminho para a meta da reabilitação da vontade humana e do renascimento da fé e da confiança na pessoa humana. As obras publicadas também esforçam-se por mostrar que o clamor por padrões, sistemas e autoridades está ficando menos insistente à medida que o desejo da recuperação de uma dignidade, integridade e auto-realização, que são os direitos inalienáveis do homem, que podem agora orientar a mudança por meio do propósito consciente à luz da experiência racional, torna-se mais forte no Oriente e no Ocidente.

Os volumes desta Série procuram demonstrar que somente numa sociedade onde existe a consciência dos problemas da ciência é que suas descobertas podem criar grandes ondas de mudança na cultura humana, e de tal forma que essas descobertas possam aprofundar, e não minar, o sentido de comunidade humana universal. As diferenças nas disciplinas, sua exclusividade epistemológica, a variedade de experiências históricas, as diferenças de tradições, culturas, línguas e das artes, deveriam ser protegidas e conservadas. Mas a inter-relação e unidade do todo deveriam, ao mesmo tempo, ser aceitas.

Naturalmente, os autores de *Perspectivas Mundiais* estão cônscios de que as respostas definitivas às esperanças e temores que permeiam a sociedade moderna se apóiam na fibra moral do homem e na sabedoria e responsabilidade dos que promovem o curso do seu desenvolvimento. Mas as decisões morais não podem prescindir de uma compreensão da ação recíproca dos elementos objetivos que oferecem e limitam as escolhas feitas. Por conseguinte, uma compreensão das questões, embora não seja uma condição suficiente, é um requisito prévio necessário para se dirigir a ação rumo a soluções construtivas.

Outras questões vitais exploradas dizem respeito a problemas de compreensão internacional bem como a problemas referentes a preconceitos e às tensões e antagonismos resultantes. O discernimento e responsabilidade cada vez maiores da nossa Idade Mundial apontam para a nova realidade de que a pessoa, como indivíduo, e a pessoa, como grupo, suplementam e integram-se uma a outra; que a servidão do totalitarismo, tanto de esquerda quanto de direita, foi abalada no desejo universal de reconquistar a autoridade da verdade e da totalidade humanas. Finalmente, a humanidade pode depositar sua confiança não num autoritarismo proletário, não num humanismo secularizado, ambos os quais traíram o direito de propriedade espiritual da história, mas numa fraternidade sacramental e na unidade do conhecimento. Essa nova consciência criou um alargamento dos horizontes humanos além de qualquer provincianismo, e uma revolução no pensamento humano comparável à hipótese básica, entre os antigos gregos, da soberania da razão; correspondente ao grande fulgor da consciência moral articulada pelos profetas hebreus; análoga às assertivas fundamentais do Cristianismo ou ao início da nova era científica, a era da ciência da dinâmica, cujas bases experimentais foram lançadas por Galileu no Renascimento.

Importante esforço desta Série é o de reexaminar os significados e aplicações contraditórios hoje dados a termos como democracia, liberdade, justiça, amor, paz, fraternidade e Deus. O propósito dessas investigações é abrir o caminho para a fundação de uma história *mundial* verdadeira, não em termos de nação, raça ou cultura, mas em termos do homem em relação a Deus, a si próprio, a seu próximo e ao universo, que ultrapassa o egoísmo imediato, pois o significado da Idade Mundial consiste no respeito às esperanças e sonhos do homem que levam a uma compreensão mais profunda dos valores básicos de todos os povos.

Perspectivas Mundiais é planejada para obter uma compreensão do significado de homem, que não só é determinado pela história como também determina a história. Deve-se compreender a história não só como relativa à vida do homem neste planeta, mas também como algo que inclui as influências cósmicas que impregnam nosso mundo humano. Esta geração está descobrindo que a história não se amolda ao otimismo social da civilização moderna e que a organização das comunidades humanas e o estabelecimento da liberdade e da paz não são apenas realizações intelectuais, mas também realizações espirituais e morais que exigem uma apreciação da totalidade da personalidade humana, a "totalidade não-mediada de sentimento e pensamento" e que constitui um desafio interminável ao homem, surgindo do abismo da ausência de significado e do sofrimento, para ser renovado e reabastecido na totalidade da sua vida.

A própria justiça, que tem vivido "num estágio de peregrinação e crucificação" e que agora está sendo lentamente libertada das garras das demonologias sociais e políticas, tanto no Oriente quanto no Ocidente, começa a duvidar das suas próprias premissas. Os modernos movimentos revolucionários que têm desafiado as sagradas instituições da sociedade protegendo a injustiça em nome da justiça social são aqui examinados e reavaliados.

À luz disso, não temos outra escolha senão admitir que a *não*-liberdade contra a qual se mede a liberdade deve ser conservada, a saber, que o aspecto da verdade de onde a visão noturna parece surgir, as trevas do nosso tempo, é tão pouco abandonável quando o progresso subjetivo do homem. Assim, as duas fontes de consciência do homem são inseparáveis, não como mortas, mas como vivas e complementares, um aspecto daquele "princípio de complementaridade" pelo qual Niels Bohr procurou unir o *quantum* e a onda, ambos os quais constituem a própria estrutura de energia radiante da vida.

Existe hoje, na humanidade, uma força contrária à esterilidade e ao perigo de uma cultura quantitativa e anônima das massas; um novo, ainda que às vezes imperceptível, sentido espiritual de convergência para a unidade humana e mundial baseado na santidade de cada pessoa humana e no respeito pela pluralidade das culturas. Há uma consciência cada vez maior de que a igualdade talvez não possa ser avaliada em meros termos numéricos, mas que é proporcional e analógica em sua realidade, pois quando a realidade é equiparada com a permutabilidade, a individualidade é negada e a pessoa humana é eliminada.

Estamos à beira de uma era de um mundo em que a vida humana avança impetuosamente para pôr novas formas em prática. A falsa separação entre homem e natureza, tempo e espaço, liberdade e segurança é reconhecida, e estamos diante de uma nova visão do homem em sua unidade orgânica e da história que oferece uma riqueza e diversidade de qualidade e excelência de finalidade até então sem precedente. Ao relacionar a sabedoria acumulada do espírito do homem com a nova realidade da Idade Mundial, ao articular seu pensamento e crença, *Perspectivas Mundiais* procura encorajar um renascimento de esperança na sociedade e de orgulho na decisão do homem quanto ao que será o seu destino.

Perspectivas Mundiais está compromissada com o reconhecimento de que todas as grandes mudanças são precedidas por uma vigorosa reavaliação e reorganização intelectuais. Nossos autores estão cônscios de que o pecado da *hubris*, pode ser evitado mostrando que o processo criador em si não é uma atividade livre se, por livre, queremos dizer arbitrária ou não-relacionada com a lei cósmica, pois o processo criador na mente humana, o processo de desenvolvimento na natureza orgânica e as leis básicas do reino inorgânico talvez sejam apenas expressões diferentes de um processo formativo universal. Destarte, *Perspectivas Mundiais* espera mostrar que embora o atual período apocalíptico seja de tensões excepcionais, também existe um movimento excepcional agindo em prol de uma unidade compensadora que se recusa a violar o poder moral fundamental em ação no universo, aquele poder do qual todo o esforço humano deve, finalmente, depender. Dessa forma, podemos vir a compreender que existe uma independência inerente de crescimento espiritual e mental que, embora condicionado pelas circunstâncias, jamais é por elas determinado. Assim, a grande superabundância de conhecimento humano pode ser correlacionada com uma compreensão da natureza humana, sintonizando-se com o amplo e profundo alcance do pensamento e da experiência humanos.

A despeito da infinita obrigação dos homens e do seu poder finito, a despeito da intransigência do nacionalismo e a despeito do desamparo das paixões morais tornadas ineficazes pela perspectiva científica, sob o aparente torvelinho e convulsão social da atualidade, e oriunda das transformações desse dinâmico período, com a revelação de uma consciência mundial, a finalidade de *Perspectivas Mundiais* é ajudar a acelerar o "coração inabalado da verdade completa" e interpretar os elementos significativos da Idade Mundial agora em formação do âmago daquela continuidade não-ofuscada do processo criador que devolve o homem à humanidade ao mesmo tempo que aprofunda e intensifica sua comunhão com o universo.

RUTH NANDA ANSHEN

Prefácio

Este livro segue duas tendências de meus escritos anteriores. Primeiro, ele estende o desenvolvimento de minha obra em psicanálise radical-humanista, concentrando-se na análise do egoísmo e do altruísmo como duas orientações básicas do caráter. O último terço do livro, a Parte III, aprofunda o tema de que tratei em *Psicanálise da Sociedade Contemporânea* e *A Revolução da Esperança*: a crise da sociedade contemporânea e as possibilidades de sua solução. Tornaram-se inevitáveis as repetições de idéias anteriormente expostas, mas espero que o novo ponto de vista de que este pequeno livro é escrito e a ampliação dos conceitos venham a compensar inclusive a leitores que já estejam familiarizados com meus escritos anteriores.

O título deste trabalho e de dois outros anteriores são de fato, quase idênticos: *Ser e Ter* de Gabriel Marcel, e *Ter e Ser*, de Balthasar Staehelin. Todos os três livros são escritos no espírito do humanismo, mas enfocam o tema de modos muito diferentes: Marcel escreve de uma perspectiva teológica e filosófica; o livro de Staehelin constitui uma crítica construtiva do materialismo na ciência moderna e uma contribuição para a *Wirklichkeitsanalyse*; o meu livro ocupa-se de uma análise psicológico-empírica e social dos dois modos de existência. Recomendo os livros de Marcel e Staehelin a leitores que estejam bastante interessados neste tópico.

As notas de pé de página foram reduzidas ao mínimo indispensável, de modo a tornar a leitura mais amena. Embora algumas referências bibliográficas apareçam entre parêntesis no texto, as indicações completas são dadas na Bibliografia.

Outro ponto de estilo que desejo esclarecer refere-se ao emprego genérico dos termos "homem" e "ele". Acredito ter evitado toda a tendenciosidade masculinizante da linguagem, e agradeço a Marion Odomirok por me haver persuadido de que o emprego da língua nesse sentido é muito mais importante do que eu julgava. Apenas em uma questão não pude concordar com nosso enfoque do sexismo em linguagem. Trata-se do emprego da palavra "homem" designando a espécie *Homo sapiens*. Neste contexto, a utilização do termo "homem", sem diferenciação de sexo, tem uma antiga tradição no pensamento humanista, e creio que não dispomos de outra palavra que denote claramente as características da espécie humana. Esta dificuldade não existe na língua alemã: emprega-se o termo *Mensch* para designar seres indiferenciados quanto a sexo. Mas em inglês também emprega-se a palavra "homem" do mesmo modo indiferenciado como o *Mensch* alemão, significando ser humano ou espécie humana. Penso aconselhável restaurar o significado assexual do termo "homem", em vez de tentar introduzir em seu lugar outro termo de sonoridade pouco comum. Neste livro, empreguei com inicial maiúscula a palavra Homem a fim de esclarecer a intenção de dar-lhe um sentido de indiferenciação sexual.

Dado esse esclarecimento essencial, resta-me agora o prazeroso dever de exprimir meus agradecimentos às diversas pessoas que contribuíram para o conteúdo e forma deste livro. Em primeiro lugar, sou grato a Rainer Funk que me foi de grande ajuda em várias questões: em demoradas conversações, ele me ajudou a compreender problemas sutis da teologia cristã; foi incansável na indicação de bibliografia no domínio da teologia; leu os originais diversas vezes e suas críticas construtivas, bem com suas sugestões, contribuíram grandemente para enriquecê-los e para eliminar alguns erros. Sou imensamente grato a Marion Odomirok por haver aprimorado muitíssimo este livro graças à sua inteligente editoração. Agradeço também a Joan Hughes, que conscienciosa e pacientemente datilografou e redatilografou as numerosas versões do original, fazendo muitas sugestões valiosas quanto ao estilo e redação. Por fim, agradeço a Annis Fromm, que leu os originais em suas diversas versões e sempre contribuiu com valiosas opiniões e sugestões.

ERICH FROMM

Nova York,
Junho de 1976.

Introdução
A Grande Promessa, Seu Fracasso e Novas Alternativas

O Fim de uma Ilusão

A Grande Promessa de Progresso Ilimitado — a promessa de sujeição da natureza, de abundância material, da maior felicidade para o maior número de gente, e a liberdade individual sem peias — manteve a fé e as esperanças de gerações após gerações desde o início da era industrial. Certamente, nossa civilização começou quando a espécie humana assumiu o domínio ativo da natureza; mas aquele domínio permaneceu limitado até o advento da era industrial. Com o progresso industrial, mediante substituição da energia humana e animal pela energia mecânica e depois nuclear, com a substituição da mente humana pelo computador, podíamos perceber que estávamos a caminho de produção ilimitada, e, por conseguinte, de consumo ilimitado; que a técnica nos tornou onipotentes; que a ciência nos fez oniscientes. Estávamos a caminho de nos tornarmos deuses, seres supremos com o poder de criar um segundo mundo, utilizando o mundo natural apenas como matéria-prima para nossa criação original.

Os homens, e, cada vez mais as mulheres, viveram um novo sentido de liberdade; tornaram-se senhores de suas próprias vidas: as amarras feudais foram rompidas e podia-se fazer o que se quisesse, livre de qualquer entrave. Pelo menos se pensava assim. E muito embora isso fosse verdade apenas quanto às classes superior e média, sua realização podia levar outros à crença de que, efetivamente, a nova liberdade poderia estender-se a todos os membros da sociedade, desde que a industrialização mantivesse o seu ritmo. Socialismo e comunismo prontamente mudaram de um movimento cujo alvo era uma *nova* sociedade e um *novo* homem para outro, cujo ideal era uma vida burguesa para todos, o *burguês universal* como os novos homens e mulheres do futuro. Supunha-se que a realização de riqueza e bem-estar para todos redundaria em irrestrita felicidade para todos. A trindade de uma nova religião passava a ser produção ilimitada, liberdade absoluta e felicidade irrestrita: Progresso e uma Nova Cidade Terrestre do Progresso vinham substituir a Cidade de Deus. Não admira que essa nova religião nutrisse seus crentes de energia, vitalidade e esperança.

A grandiosidade da Grande Promessa, as fabulosas realizações materiais e intelectuais da era industrial devem ser encaradas a fim de se compreender o trauma que a percepção do seu fracasso está produzindo hoje. Porque a era industrial de fato deixou de cumprir sua Grande Promessa, e cada vez mais se constitui o consenso de que:

- A satisfação irrestrita de todos os desejos não é conducente ao *bem-estar*, nem é a via para a felicidade ou mesmo para o máximo prazer.
- O sonho de sermos senhores independentes de nossas vidas terminou quando despertamos para o fato de que todos nos tornamos peças ínfimas da máquina burocrática, com nossos pensamentos, sentimentos e gostos manipulados pelo governo, pela indústria e pelas comunicações de massa que controlam tudo.
- O progresso econômico continuou restrito às nações ricas, e o fosso entre nações ricas e pobres amplia-se cada vez mais.
- O próprio progresso tecnológico ensejou perigos ecológicos e riscos de guerra nuclear, cada um dos quais ou ambos os quais podem acabar com toda a civilização e possivelmente com toda a vida.

Quando foi a Oslo para receber o Prêmio Nobel da Paz (1952), Albert Schweitzer desafiou o mundo "a ousar enfrentar a situação... O homem tornou-se um super-homem... Mas super-homem com poderes sobre-humanos que não atingiu o nível de razão super-humana. Na medida em que aumentam seus poderes, ele se torna um homem cada vez mais pobre... Impõe-se sacudir nossa consciência ao fato de que nos tornamos tanto mais desumanos quanto mais nos convertemos em super-homens."

Por Que Falhou a Grande Promessa?

O fracasso da Grande Promessa, à parte as contradições econômicas essenciais do industrialismo, efetivou-se no sistema industrial devido a suas duas principais premissas psicológicas: (1) que o objetivo da vida é a felicidade, isto é, o prazer máximo, definidos como a satisfação de todos os desejos ou necessidades subjetivas que alguém possa sentir (*hedonismo radical*); (2) que o culto do eu, o egoísmo e a voracidade, como o sistema precisa gerar a fim de funcionar, levam à harmonia e paz.

É notório que os ricos, por toda a história, têm praticado o hedonismo radical. Os que possuem bens ilimitados, como a nata social de Roma, das cidades italianas do Renascimento, da Inglaterra e França dos séculos XVIII e XIX, procuraram um significado para a vida no prazer ilimitado. Contudo, embora o prazer máximo no sentido do hedonismo radical, fosse prática de certos grupos em determinadas épocas, com uma única exceção antes do século XVII, jamais constituiu a *teoria* do bem-estar expressa pelos grandes Mestres da Vida na China, Índia, Oriente Próximo e Europa.

A única exceção é o filósofo grego Arístipo, discípulo de Sócrates, na primeira metade do século IV a.C., cuja doutrina era de que o objetivo da vida é obter um máximo de prazer físico e que a felicidade consiste da soma total dos prazeres desfrutados. O pouco que conhecemos de sua filosofia devemos a Diógenes Laércio, mas o suficiente para revelar Arístipo como o único hedonista verdadeiro, para quem a existência de um desejo é a base para o direito de satisfazê-lo e assim concretizar o objetivo da vida: o prazer.

Dificilmente Epicuro poderá ser considerado representante do hedonismo do tipo de Arístipo. Enquanto para Epicuro o prazer "puro" é o mais alto objetivo, para ele esse prazer significava "ausência de sofrimento" (*aponia*) e "tranqüilidade da alma" (*ataraxia*). De acordo com Epicuro, o prazer como satisfação de um desejo não pode ser o objetivo da vida, porque tal prazer é necessariamente acompanhado de desprazer e assim mantém a humanidade afastada de seu verdadeiro ideal de ausência de sofrimento. (A teoria de Epicuro se parece com a de Freud em vários aspectos.) Entretanto, parece que Epicuro representava certo tipo de subjetivismo contrário à posição de Aristóteles, tanto quanto os contraditórios informes sobre as idéias de Epicuro nos permitam uma interpretação completa.

Nenhum dos demais grandes Mestres ensinava que a *existência factual de um desejo constitui uma norma ética*. Todos eles interessavam-se pelo bem-estar (*vivere bene*) da humanidade num nível ideal. O elemento essencial de seu pensamento é a distinção entre aquelas necessidades (desejos) que são apenas subjetivamente sentidos, cuja satisfação leva ao prazer momentâneo, e aquelas necessidades profundas da natureza humana, cuja realização é conducente ao aprimoramento humano e produz a *eudaimonia*, isto é, o bem-estar. Em outras palavras, interessavam-se pela *distinção entre necessidades pura e subjetivamente sentidas e necessidades objetivamente válidas* — parte das primeiras sendo nocivas ao aprimoramento humano e as últimas estando de acordo com as exigências da natureza humana.

A teoria segundo a qual o objetivo da vida é a satisfação de todo desejo humano foi claramente divulgada, pela primeira vez desde Arístipo, por filósofos nos séculos XVII e XVIII. Era um conceito que facilmente surgiria quando "vantagem" deixou de significar "vantagem para a alma" (tal como na Bíblia e mesmo, mais tarde, em Spinoza), mas veio a se tornar material, vantagem material, na época em que a classe média se libertou não apenas de suas amarras políticas como também de todos os laços de amor e solidariedade, e passou a crer que ser *apenas* para si mesma significava ser mais em vez de menos que si mesma. Para Hobbes, a felicidade consiste no progresso contínuo de uma cupidez (*cupiditas*) a outra; La Mettrie chegava a recomendar drogas para dar pelo menos a ilusão de felicidade; para o Marquês de Sade, a satisfação de impulsos cruéis é legítima, justamente porque eles existem e exigem satisfação. Trata-se de pensadores que viveram na época da vitória final da classe burguesa. O que haviam sido as práticas não-filosóficas dos aristocratas veio a ser a prática e teoria da burguesia.

Muitas teorias éticas revelaram-se desde o século XVIII — sendo, algumas, formas mais respeitáveis do hedonismo, como, por exemplo, o utilitarismo; outras eram estritamente anti-hedonistas, tais como os sistemas de Kant, Marx, Thoreau e Schweitzer. Contudo, atualmente, de um modo geral desde o fim da I Guerra Mundial, voltou-se à prática e teoria do hedonismo radical. O conceito de prazer sem limites constitui uma estranha contradição com o ideal de trabalho disciplinado, semelhante à contradição entre a aceitação de uma ética de trabalho obsessivo e o ideal de completa ociosidade durante o restante do dia e no período de férias. A linha de montagem automática e a rotina burocrática, de um lado, a televisão, o automóvel e o sexo, de outro, tornam possível a combinação contraditória. Apenas trabalho obsessivo enlouqueceria as pessoas, tanto quanto o faria a ociosidade completa. Com a combinação, uma coisa e outra podem coexistir. Além disso, ambas essas atitudes contraditórias correspondem a uma necessidade econômica: o capitalismo do século XX baseia-se tanto no máximo consumo de bens e serviços produzidos quanto na equipe de trabalho rotinizado.

Considerações teóricas demonstram que o hedonismo radical não pode levar à felicidade, assim como por que não o pode fazer, tendo em vista a natureza humana. Mas, mesmo sem análise teórica, os dados observáveis mostram da maneira mais clara que nossa espécie de "procura da felicidade" não produz bem-estar. Somos uma sociedade de pessoas notoriamente infelizes: solitários, ansiosos, deprimidos, destrutivos, dependentes — pessoas que ficam alegres quando matamos o tempo que tão duramente tentamos poupar.

É nosso o maior experimento social jamais feito no sentido de solucionar a questão quanto a se o prazer (como sentimento passivo em contraste com sentimento ativo, bem-estar e alegria) pode ser uma resposta satisfatória ao problema da existência humana. Pela primeira vez na história, a satisfação da necessidade de prazer não mais é privilégio apenas de uma minoria, mas possível a muito mais de metade da população. A experiência já respondeu à questão de modo negativo.

O segundo postulado psicológico da era industrial, de que a busca do egoísmo individual leva à harmonia e paz, melhoria no bem-estar de todos, é igualmente errôneo do ponto de vista teórico, e ainda uma vez sua falácia comprova-se por dados observáveis. Por que deve ser verdadeiro esse princípio, que apenas um dos grandes economistas clássicos — David Ricardo — rejeitava? Ser egoísta refere-se não só ao nosso comportamento, mas também ao nosso caráter. Significa: que eu quero tudo para mim mesmo; que ao possuir, não compartilhando, tenho prazer; que me devo tornar cobiçoso porque, se meu objetivo é ter, *sou* mais na medida em que *tenho* mais; que devo me sentir em antagonismo com todas as demais pessoas: meus clientes a quem devo enganar, meus competidores a quem devo destruir, meus trabalhadores a quem devo explorar. Nunca posso estar satisfeito, porque não há fim para os meus desejos; devo ter inveja daqueles que têm mais e temer aqueles que têm menos. Mas devo reprimir todos esses sentimentos a fim de me apresentar (aos outros como a mim mesmo) como o tipo de ser humano que todos aparentam ser: sorridente, sensato, sincero.

A paixão pela posse deve levar a uma interminável luta de classes. A pretensão dos comunistas de que seu sistema culminará na abolição da luta de classes pela abolição das classes é ficção, porque seu sistema baseia-se no princípio do consumo ilimitado como o objetivo de vida. Na medida em que todos queiram ter mais, deve haver formação de classes, deve haver luta de classes e, em termos globais, deve haver guerra internacional. *Cobiça e paz excluem-se reciprocamente.*

O hedonismo radical e o culto ilimitado do eu não poderiam ter surgido como princípios orientadores do corportamento econômico se não tivesse ocorrido uma drástica mudança no século XVIII. O comportamento econômico foi determinado por princípios éticos na sociedade medieval, assim como em muitas outras sociedades altamente desenvolvidas ou primitivas. Desse modo, para os teólogos escolásticos, categorias econômicas como preço e propriedade privada constituíam parte da teologia moral. Toma-se por certo que os teólogos encontraram formulações para adaptar seu código moral às novas exigências econômicas (por exemplo, a predicação de Tomaz de Aquino para o conceito de "justo preço"); entretanto, o comportamento econômico continuou comportamento *humano* e, por conseguinte, sujeito aos valores da ética humanista. Atravessando numerosas fases, o capitalismo do século XVIII sofreu uma mudança radical: o comportamento econômico separou-se da ética e dos valores humanos. De fato, admitia-se que a máquina econômica fosse uma entidade autônoma, independente das necessidades humanas e da vontade humana. Tratava-se de um sistema que seguia por si mesmo e de acordo com suas próprias leis. O sofrimento dos trabalhadores bem como a destruição de um número cada vez maior de pequenas empresas em benefício do crescimento de companhias sempre maiores era uma necessidade econômica que ninguém podia lamentar, mas que se tinha que aceitar como conseqüência de uma lei natural.

A evolução desse sistema econômico não mais era determinada pela questão: *que é bom para o Homem*?, mas pela questão *que é bom para a melhoria do sistema*? Tentou-se ocultar a agudez do conflito fazendo-se crer que o que era bom para a melhoria do sistema (ou mesmo para uma única companhia de vulto) era também bom para o povo. Essa elaboração teórica era reforçada por outra elaboração auxiliar: que as próprias qualidades que o sistema exigia dos seres humanos — culto do eu, egoísmo e cobiça — eram inatas na natureza humana; por conseguinte, não apenas o sistema, porém a própria natureza humana as estimulava. Admitia-se serem "primitivas" as sociedades em que o culto do eu, o egoísmo e a cobiça não existiam, e "infantis" os seus membros. Recusava-se reconhecer que esses aspectos não eram impulsos naturais que ensejavam a existência da sociedade industrial, mas que eram *produtos* das circunstâncias sociais.

Não menor em importântcia é este outro fator: as relações das pessoas para com a natureza tornaram-se profundamente hostis. Sendo nós "caprichos da natureza", que pelas próprias condições de nossa existência estamos no seio da natureza e pelo dom da nossa razão transcendemo-la, temos tentado solucionar nosso problema existencial desistindo da visão messiânica da harmonia entre a humanidade e a natureza pela conquista da natureza, mediante transformação dela a nossos próprios objetivos até que a conquista se tenha tornado cada vez mais equivalente à destruição. Nosso espírito de conquista e hostilidade cegou-nos para o fato de que os recursos naturais têm seus limites e podem de fato esgotar-se, e que a natureza se vingará da capacidade humana.

A sociedade industrial tem menosprezo pela natureza — assim como por tudo que não seja feito por máquinas, e por todas as pessoas que não sejam fabricantes de máquinas (raças de cor, excetuando-se recentemente os japoneses e os chineses). As pessoas são hoje atraídas pelo que é automático, pela máquina poderosa, pelo que é inerte, e pela destruição sempre crescente.

A Necessidade Econômica de Mudança Humana

Até este ponto, o argumento em questão tem sido de que os traços de caráter engendrados por nosso sistema socioeconômico, isto é, por nosso modo de vida, são patogênicos e de fato produzem uma pessoa doente, e, por conseguinte, uma sociedade doente. Há, porém, um segundo argumento a partir de perspectiva inteiramente diferente, em favor de profundas mudanças psicológicas no Homem como uma alternativa para a catástrofe econômica e ecológica. Foi suscitado por dois relatórios referendados pelo Clube de Roma, um de D. H. Meadows e colaboradores, e outro por M. D. Mesarovic e E. Pestel. Ambos os relatórios tratam das tendências tecnológicas, econômicas e demográficas em escala planetária. Mesarovic e Pestel concluem que só reformas econômicas e tecnológicas drásticas em nível mundial, de acordo com um plano-mestre, podem "evitar a catástrofe mundial maior e definitiva", e os dados que eles enfeixam como prova de sua tese baseiam-se na maior pesquisa de âmbito mundial e sistemática até hoje feita. (O livro desses autores apresenta certas vantagens metodológicas em relação ao relatório de Meadows, mas aquele primeiro estudo considera até mais drásticas reformas econômicas como alternativa para a catástrofe.) Mesarovic e Pestel concluem, além do mais, que tais reformas econômicas são possíveis apenas "*se ocorrerem mudanças fundamentais nos valores e atitudes dos homens* (ou, como eu diria, na orientação do caráter humano), *tais como uma nova ética e uma nova atitude para com a natureza*" (itálicos meus). O que dizem apenas confirma o que outros disseram antes e desde que seu relatório foi publicado, de que *só* é possível uma nova sociedade *se*, no processo do seu desenvolvimento, um novo Homem também se desenvolva, ou, em termos mais modestos, se ocorrer uma mudança fundamental na estrutura do caráter do Homem contemporâneo.

Infelizmente, os dois relatórios são escritos no espírito de quantificação, abstração e despersonalização, tão característico de nossa época, e além disso, desprezaram completamente todos os fatores políticos e sociais, sem os quais nenhum plano realista tem possibilidade de ser executado. Contudo, eles apresentam dados valiosos, e pela primeira vez tratam da situação econômica da espécie humana como um todo, suas possibilidade e seus riscos. Sua conclusão de que uma nova ética e uma nova atitude para com a natureza são necessárias é tanto mais valiosa quanto essa exigência é contrária às suas premissas filosóficas.

Na outra extremidade da escala está E. F. Schumacher, que também é economista, mas ao mesmo tempo um humanista radical. Sua exigência de transformação humana radical baseia-se em dois argumentos: que nossa atual ordem social nos torna doentes; e que estamos sendo conduzidos a uma catrástrofe econômica a menos que transformemos radicalmente nosso sistema social.

A necessidade de uma mudança humana profunda surge não apenas como um imperativo ético ou religioso, não apenas como uma exigência psicológica decorrente da natureza patogênica de nosso caráter social de hoje, mas também como uma condição para a simples sobrevivência da espécie humana. Viver corretamente é não mais apenas o cumprimento de uma ordem ética ou religiosa. Pela primeira vez na história, a *sobrevivência física da espécie humana depende de uma radical mudança do coração humano.* Todavia, uma transformação do coração humano só é possível na medida em que ocorram drásticas transformações econômicas e sociais que dêem ao coração humano a oportunidade para mudança, coragem e a visão para consegui-la.

Haverá uma Alternativa para a Catástrofe?

Todos os dados mencionados até aqui foram publicados e são bem conhecidos. O fato mais inacreditável é que não se fez nenhum esforço sério para impedir o que parece um decreto final do destino. Enquanto em nossa vida privada ninguém, a não ser um demente, permaneceria impassível em vista da ameaça que paira sobre toda a nossa existência, os que estão encarregados das coisas públicas nada fazem praticamente, e aqueles que confiaram seus destinos a eles permitem que continuem a nada fazer.

Como é possível que o mais forte de todos os instintos, o de conservação da existência, pareça ter deixado de nos motivar? Uma das explicações mais óbvias é que os dirigentes empreendem muitas atividades que lhes possibilitam dar a entender que estão fazendo algo eficaz para evitar uma catrástrofe: intermináveis conferências, resoluções, acordos de desarmamento, tudo isso dá a impressão de que os problemas estão identificados e que alguma coisa está sendo feita para solucioná-los. Contudo, nada de real importância acontece; mas tanto dirigentes como dirigidos anestesiam suas consciências e seu desejo de sobrevivência dando impressão de conhecer o caminho e de andar no sentido certo.

Outra explicação é de que o egoísmo gerado pelo sistema faz com que os líderes valorizem o êxito pessoal muito mais enfaticamente que a responsabilidade social. Não é mais chocante quando líderes políticos e diretores de grandes negócios tomam decisões que parecem ser de sua vantagem pessoal, mas ao mesmo tempo nocivas e perigosas para a comunidade. Na verdade, se o egoísmo é um dos pilares da ética prática contemporânea, por que agiriam eles de outro modo? Eles dão a impressão de ignorar que a cobiça (como a submissão) torna as pessoas obtusas quanto ao que se refere a seus reais interesses, como o seu interesse na própria vida e na vida de seus cônjuges e filhos (cf. J. Piaget, *O Julgamento Moral da Criança*). Ao mesmo tempo, o público em geral está de tal modo egoisticamente interessado em seus assuntos particulares que pouca atenção presta a tudo o que ultrapassa o domínio pessoal.

Entretanto, outra explicação para o enfraquecimento do nosso instinto de sobrevivência é que as mudanças de vida exigidas são tão drásticas que as pessoas preferem a catástrofe futura ao sacrifício que teriam que fazer agora. O relato de Arthur Koestler de uma experiência que ele teve durante a Guerra Civil Espanhola é um exemplo eloqüente dessa atitude generalizada: Koestler instalara-se na confortável vivenda de um amigo enquanto se noticiava o avanço das tropas de Franco; não havia dúvida de que elas chegariam pela noite, e muito provavelmente ele seria fuzilado; ele poderia salvar sua vida fugindo, mas a noite estava fria e chuvosa, ao passo que a casa estava confortável e acolhedora; de modo que ele ficou, foi preso e quase que só por milagre foi salva sua vida, muitas semanas mais tarde, graças ao empenho de jornalistas amigos. Este é também o tipo de comportamento que ocorre com pessoas que preferem arriscar-se a morrer a submeter-se a um exame que levaria ao diagnóstico de uma grave doença que exigiria uma cirurgia de vulto.

Além dessas explicações para a passividade humana fatal em questões de vida ou morte, há uma outra, que é uma das minhas razões para escrever este livro. Refiro-me à opinião de que não temos quaisquer alternativas para os modelos de capitalismo empresarial, socialismo social-democrático ou soviético, ou o tecnocrático "fascismo com a face sorridente". A popularidade desse modo de ver deve-se amplamente ao fato de que pouco empenho se fez para o estudo da plausibilidade de modelos sociais totalmente novos e de pô-los em experiência. De fato, na medida em que os problemas de reconstrução social não entrem nas preocupações dos nossos melhores espíritos com ciência e técnica, pelo menos em parte, senão integralmente, faltará imaginação para enxergar alternativas originais e realistas.

O núcleo deste livro é a análise dos dois modos básicos de existência: o *modo de ter* e o *modo de ser*. No capítulo inicial apresento algumas observações "de relance" referentes às diferenças entre os dois modos. O segundo capítulo demonstra a diferença, utilizando numerosos exemplos tirados da experiência cotidiana, que os leitores podem facilmente relacionar à sua própria experiência pessoal. O capítulo III apresenta os pontos de vista sobre o ter e o ser contidos no Velho e no Novo Testamentos e nos escritos de Mestre Eckhart. Os capítulos subseqüentes tratam da questão mais árdua: a análise da diferença entre os modos ser e ter de existência, nos quais pretendo elaborar conclusões teóricas com base em dados empíricos. Embora até esse ponto o livro se ocupe sobretudo dos aspectos individuais dos dois modos básicos de existência, os capítulos finais tratam da importância desses modos na formação de um Novo Homem e de uma Nova Sociedade e se dirigem às possibilidades de alternativas para o debilitante mal-estar individual, e para o desenvolvimento socioeconômico catastrófico de todo o mundo.

Primeira Parte

COMPREENSÃO DA DIFERENÇA ENTRE TER E SER

I

Um Primeiro Relance

A Importância da Diferença entre Ter e Ser

A alternativa *ter* contra *ser* não fala imediatamente ao senso comum. Ao que tudo indica, *ter* é uma função normal de nossa vida: a fim de viver nós devemos ter coisas. Além do mais, devemos ter coisas a fim de desfrutá-las. Numa cultura em que a meta suprema é ter — e ter cada vez mais — e na qual se pode falar de alguém como "valendo um milhão de dólares", como poderá haver alternativa entre ter e ser? Pelo contrário, tem-se a impressão de que a própria essência de ser é ter: de que se alguém nada *tem*, não *é*.

Contudo, os grandes mestres da vida fizeram da alternativa entre ter e ser a questão central de seus respectivos sistemas. Buda ensina que, para chegarmos ao mais elevado estágio do desenvolvimento humano, não devemos ansiar pelas posses. Jesus ensina: "Pois quem quiser salvar a sua vida, perdê-la-á; quem perder a vida por minha causa, esse a salvará. Que aproveita ao homem ganhar o mundo inteiro, se vier a perder-se, ou a causar dano a si mesmo?" (Lucas, 9:24-25). Mestre Eckhart ensinava que ter nada e tornar-se aberto e "vazio", e não colocar o eu no centro, é a condição para conseguir riqueza e robustez espiritual. Marx ensinava que o luxo é tanto um mal como a miséria, e que nosso ideal deve consistir em *ser* muito, e não *ter* muito. (Menciono aqui o verdadeiro Marx, o humanista radical, e não a falsificação vulgar apresentada pelo comunismo soviético).

Por muitos anos fiquei profundamente impressionado por essa distinção, e me empenhei na procura de sua base empírica no estudo prático de indivíduos e grupos pelo método psicanalítico. O que vi em todos esses anos levou-me a concluir que esta distinção, juntamente com aquela entre amor da vida e amor dos mortos, representa o mais crucial problema da existência; que os dados empíricos antropológicos e psicanalíticos tendem a demonstrar que *ter e ser são dois modos fundamentais de experiência, cujas respectivas forças determinam as diferenças entre os caracteres dos indivíduos e vários tipos de caráter social.*

Exemplos em Várias Manifestações Poéticas

Como introdução ao entendimento da diferença entre os modos ter e ser de existência, tomo como ilustração dois poemas de conteúdo semelhante, que o falecido D. T. Suzuki mencionou em "Conferências sobre o Zen Budismo". Um deles é um *haiku* de Basho, poeta japonês que viveu de 1644 a 1694; o outro poema é de um poeta inglês do século XIX, Tennyson. Cada um desses poetas alude a experiência semelhante: sua reação diante de uma flor que vê durante uma caminhada. Os versos de Tennyson são:

> Flor nascida nas fendas de um muro,
> Arranco-te e a raiz da fenda em que estás
> E te contemplo toda, em minha mão.
> Pequena flor — *se* eu entendesse
> Quem és, raiz e pétalas, flor inteira,
> O mistério de Deus e do homem eu saberia.

Traduzido da maneira mais livre, o *haiku* de Basho seria assim:

> Olhando eu cuidadosamente,
> Vejo a *nazuna* florindo
> Em meio à sebe!

A diferença é contundente. Tennyson reage à flor querendo *tê-la*. Ele "arranca-a" "com raiz e tudo". E não obstante conclua com uma especulação intelectual sobre a possível função da flor quanto a lhe dar a intuição sobre a natureza de Deus e do homem, a flor mesma é morta em conseqüência do seu interesse nela. Tennyson, como o vimos neste poema, pode ser comparado ao cientista ocidental que procura a verdade mediante o desmembramento da vida.

A reação de Basho diante da flor é totalmente diferente. Ele não quer arrancá-la; não pretende nem mesmo tocá-la. Tudo o que quer é "olhar cuidadosamente" para "vê-la". Eis a interpretação de Suzuki:

> "É provável que Basho estivesse passando por uma senda campestre quando deparou com alguma coisa um tanto desprezada em meio à sebe. Chegou-se então mais perto, deu uma olhadela, e verificou que era nada menos que uma planta silvestre, muito insignificante e em geral despercebida dos passantes. Trata-se de um fato evidente relatado no poema, sem qualquer manifestação especificamente poética senão, talvez, nas últimas duas sílabas que, em japonês, soariam *kana.* Esta partícula, freqüentemente aglutinada a um substantivo, adjetivo ou advérbio, significa certo sentimento de admiração ou louvor, tristeza ou alegria, e pode às vezes, muito adequadamente, ser traduzida por um sinal de exclamação. No presente *haiku,* todo o verso termina com esse sinal".

Tennyson, como se vê, precisa possuir a flor a fim de entender as pessoas e a natureza, e ao *tê-la*, a flor é destruída. O que Basho quer é *ver*, e não apenas olhar para a flor, mas identificar-se, ser uno com ela, e deixá-la viver. A diferença entre Tennyson e Basho é plenamente explicada neste poema de Goethe:

DESCOBERTA

Andava eu pelo bosque
Inteiramente só,
Ao léu, por nada
Pensar ou querer.

E percebi na sombra
Uma florzinha só,
Clara como as estrelas
Ou dois olhos brilhantes.

Fiz menção de arrancá-la,
Quando a ouvi dizer, suavemente:
Será para que eu morra
Que devo ser quebrada?

E tirei-a do chão
Com todas as raízes
E ao jardim conduzi
Para junto do lar.

E de novo a enterrei
Num tranqüilo lugar
Onde ela vive e cresce
E está sempre florindo.

Goethe, andando a esmo, despreocupadamente, é atraído pela florzinha brilhante. Narra ter sentido um impulso que era o mesmo como o de Tennyson: arrancá-la. Mas, diferentemente de Tennyson, Goethe se apercebe de que arrancá-la seria matar a flor. Porque, para Goethe, a flor vive de tal modo que fala e o adverte; e ele resolve o problema diferentemente de Tennyson ou Basho. Ele pega a flor, "com todas as raízes", e planta-a de novo de modo que sua vida não seja destruída. Goethe situa-se, como de fato estava, entre Tennyson e Basho: para ele, no momento crucial, a força da vida é mais forte que a força da mera curiosidade intelectual. Evidentemente, neste belo poema Goethe exprime o núcleo de seu conceito de natureza inquiridora.

O relacionamento de Tennyson com a flor está no modo de ter, ou posse — não posse material, mas de conhecimento. O relacionamento de Basho e de Goethe está no modo de ser. Entendo por modo ser de existência aquele em que nem se *tem* nada, nem se *anseia por ter* alguma coisa, senão o emprego das faculdades produtivamente, alegre, numa *identificação* com o mundo.

Goethe, o grande amante da vida, um dos mais notáveis lutadores contra o desmembramento e mecanização da humanidade, exprimiu o ser em vez de o ter em muitos de seus poemas. O seu *Fausto* é um relato dramático do conflito entre ser e ter (este último representado por Mefistófeles), enquanto no poema seguinte ele exprime a qualidade de ser com a mais perfeita singeleza:

PROPRIEDADE

Sei que nada a mim pertence
Senão o pensamento que, liberto,
De minha alma fluirá.
E todo momento feliz
Que bem no fundo
Me deixe gozar
O bom destino.

A diferença entre ter e ser não é fundamentalmente uma questão de Oriente e Ocidente. É, isto sim, uma diferença entre uma sociedade centrada em torno de pessoas e outra centrada em torno de coisas. A orientação no sentido do ter é característica da sociedade industrial ocidental, na qual a avidez por dinheiro, fama, e poder tornou-se o tema dominante da vida. Sociedades menos alienadas — como a sociedade medieval, a indiana zuni, as sociedades tribais africanas que não foram afetadas pelas idéias modernas de "progresso" — têm também seus Bashos. Talvez, após mais algumas gerações de industrialização, os japoneses venham a ter os seus Tennysons. Não é que o homem ocidental seja incapaz de compreender os sistemas orientais, como o Zen Budismo (como Jung pensava), mas o homem moderno é incapaz de compreender o espírito de uma sociedade que não esteja centrada na propriedade e na avidez. Na verdade, os escritos de Mestre Eckhart (tão difíceis de compreender como Basho ou Zen) e os de Buda são apenas dois dialetos de uma mesma língua.

Mudanças Idiomáticas

Certa mudança de ênfase no ter e ser fica patente no crescente emprego de substantivos e decrescente emprego de verbos nas línguas ocidentais através dos últimos poucos séculos.

O substantivo é a designação adequada para uma coisa. Posso dizer que *tenho* coisas: por exemplo, que tenho uma mesa, uma casa, um livro, um carro. A designação apropriada para uma atividade, um processo, é dada pelo verbo: por exemplo, eu sou, eu amo, eu desejo, eu odeio, etc. Contudo, cada vez mais freqüentemente uma *atividade* é expressa em termos de *ter*, isto é, emprega-se um substantivo em vez de um verbo. Mas exprimir uma atividade mediante emprego de *ter*, relacionado com um substantivo, constitui emprego errôneo da língua, porque processos e atividades não podem ser possuídos; só podem ser vividos.

Observações Antigas: Du Marais — Marx

As más conseqüências dessa confusão foram já observadas no século XVIII. Du Marais exprimiu muito claramente o problema em seu livro póstumo, *Les véritables principes de la grammaire* (1769). Escreve ele: "Neste exemplo, *eu tenho um relógio*, '*eu tenho*' deve ser compreendido no sentido próprio; mas em *eu tenho uma idéia*, '*eu tenho*' é dito apenas por imitação. Trata-se de uma expressão emprestada. *Eu tenho uma idéia* significa *eu penso, concebo de tal e qual modo. Eu tenho saudade* significa *sinto falta*; *eu tenho vontade* significa *eu quero*, etc." (tradução minha; agradeço ao Dr. Noam Chomsky pela referência a Du Marais).

Um século depois de Du Marais observar esse fenômeno da substituição de verbos por substantivos, Marx e Engels tratam do mesmo problema, mas de maneira mais radical, em *A Sagrada Família*. Na "crítica da crítica crítica" de Edgar Bauer encontra-se um ensaio pequeno, porém muito importante, sobre o amor, em que se faz referência à seguinte declaração de Bauer: "O amor é uma deusa cruel, que como todas as deidades, quer possuir todo o homem e não se contenta até que ele lhe tenha sacrificado não apenas sua alma, mas também seu eu material. Seu culto é o sofrimento; o auge desse culto é o auto-sacrifício, é suicídio" (minha tradução).

Marx e Engels replicam: Bauer "transforma o amor numa 'deusa', numa 'deusa cruel' ao transformar o *homem que ama* ou o *amor do homem* no *homem do amor*; desse modo, ele distingue o amor como um ser distinto do homem e faz dele uma entidade independente (tradução minha). Marx e Engels assinalam, no caso, o fator decisivo no emprego do substantivo em lugar do verbo. O substantivo "amor", que é apenas uma abstração da atividade de amar, torna-se separado do homem. O amoroso transforma-se no homem do amor. O amor, por sua vez, converte-se num ídolo no qual o homem projeta seu amor; e neste processo de alienação deixa de sentir o amor, mas relaciona-se apenas com sua capacidade de amar, por sua submissão à deusa Amor. Ele deixou de ser uma pessoa ativa que sente; em vez disso, tornou-se um adorador alienado de um ídolo, e está perdido quando fora de contato com seu ídolo.

Emprego Contemporâneo

Dois séculos depois de Du Marais, a tendência a substituir verbos por substantivos cresceu em proporções jamais imaginadas. Eis um exemplo típico, talvez um pouco exagerado, do emprego da língua atualmente. Suponha-se que uma pessoa procure um psicanalista e inicie a consulta com a frase seguinte: "Doutor, eu *tenho* um problema; *tenho* insônia. Embora eu *tenha* uma bela casa, ótimos filhos, um casamento feliz, *tenho* muitos aborrecimentos." Algumas décadas atrás, em vez de "tenho um problema", o paciente talvez dissesse "*estou* perturbado"; em vez de "*tenho* insônia", diria "*não posso* dormir"; em vez de "*tenho* um casamento feliz", diria "*sou* feliz no casamento".

O estilo mais recente de fala indica a vigência de alto grau de alienação. Ao dizer "*tenho* um problema", em vez de "estou perturbado", a experiência subjetiva é eliminada: o *eu* da experiência é substituído por uma expressão impessoal relacionado com posse: "existe um problema que eu tenho". Neste caso, transformei minha experiência, meu sentimento pessoal em alguma coisa que eu possuo: o problema. Mas "problema" é uma expressão abstrata para todos os tipos de dificuldades. Não posso *ter* um problema, porque problema não é uma coisa que possa ser possuída; ele, porém, pode ter a mim. Isto é, transformei-me a *mim mesmo* num "problema", e sou agora possuído por minha criação. Esse modo de falar trai uma alienação inconsciente, oculta.

Naturalmente, pode-se argumentar que a insônia é um sintoma físico como uma garganta dolorida ou uma dor de dente, e que, portanto, é legítimo falar que se *tem* insônia do mesmo modo como dizer que se *tem* a garganta ferida. Contudo, existe uma diferença: uma garganta dolorida ou uma dor de dente é sensação corporal que pode ser mais ou menos intensa, mas que tem escassa qualidade psíquica. Pode-se *ter* uma garganta dolorida porque se tem garganta, uma dor de dente porque se tem dentes. A insônia, pelo contrário, não é uma sensação corpórea mas um estado de espírito: o de não ser capaz de dormir. Se falo "ter insônia" em vez de dizer "não posso dormir", denoto meu desejo de livrar-me do estado de ansiedade, cansaço e tensão, que me impede de dormir, e de tratar o fenômeno mental *como se ele fosse* um sintoma físico.

Outro exemplo: Dizer "eu tenho grande amor por você" não tem sentido. Amor não é uma coisa que se possa ter, mas um *processo*, uma atividade íntima da qual somos o sujeito. Posso amar, posso *estar* amando, mas ao amar, eu *tenho*... nada. De fato, quanto menos eu tenho, mais posso amar.

Origem das Expressões

"Ter" é uma expressão ilusoriamente simples. Todo ser humano *tem* alguma coisa: um corpo,* roupas, habitação — e

* Deve-se mencionar aqui, pelo menos de passagem, que também no caso existe uma relação para com o próprio corpo que sente o corpo como vivo, e que pode ser expressa dizendo-se: "eu sou meu corpo", em vez de "eu tenho meu corpo"; toda consciência sensorial pretende esta experiência de ser do corpo.

modernamente homens e mulheres têm carro, televisão, máquina de lavar, etc. Viver sem ter alguma coisa é virtualmente impossível. Por que, então, *ter* seria um problema? A própria história do verbo "ter" indica que a palavra é, de fato, um problema. Para quem acredite que o verbo ter é a mais natural das categorias da existência humana, talvez constitua surpresa o fato de que muitas línguas não têm uma palavra para "ter". Em hebraico, por exemplo, "eu tenho" deve ser expresso pela forma indireta *jesh li* ("é para mim"). Na realidade, predominam as línguas que exprimem posse dessa maneira, em vez de "eu tenho". É interessante observar que na evolução das línguas a expressão "é para mim" é seguida posteriormente pela expressão "eu tenho", mas como Emile Benveniste observou, a evolução não ocorre no sentido contrário.* Esse fato sugere que a expressão *ter* evolui em relação com a evolução da propriedade privada, enquanto esteja ausente em sociedades em que há propriedade predominantemente funcional, isto é, posse para uso. Estudos sociolingüísticos mais aprofundados poderão mostrar se e até que ponto esta hipótese é válida.

Enquanto *ter* dá a impressão de ser um conceito relativamente simples, *ser* é muito mais complicado e difícil. "Ser" é empregado de muitos modos diferentes: 1) como cópula, como em "eu sou alto", "eu sou branco", "eu sou pobre", isto é, uma indicação gramatical de identidade (muitas línguas não possuem palavra para "ser" neste sentido; o espanhol distingue entre qualidades permanentes, *ser*, que pertencem à essência do sujeito, e qualidades contingentes, *estar*, que não são da essência); 2) como na voz passiva, em que o sujeito sofre a ação expressa pelo verbo: "fui ferido" significa que sou objeto da atividade de outros, e não sujeito de minha atividade, como em "eu firo"; 3) significando existir — quando, como demonstrou Benveniste, o "ser" da existência é um termo diferente de "ser" como ligação denotando identidade: "as duas palavras coexistiram e podem ainda coexistir, embora sejam totalmente diferentes".

O estudo de Benveniste lança nova luz sobre o significado de "ser" como verbo na acepção própria mais que como ligação. "Ser", em línguas indo-européias, é expresso pela raiz *es*, cujo significado é "ter existência, achar-se na realidade". Existência e realidade são definidos como "aquilo que é autêntico, consistente, verdadeiro" (em sânscrito, *sant*, "existente", "bem concreto", "verdadeiro"; superlativo *sattama*, "o melhor"). "Ser", em sua raiz

* As citações lingüísticas são tomadas a Benveniste.

etimológica, é, desse modo, mais que uma declaração de identidade entre sujeito e predicado; é mais que um termo *descritivo* de um fenômeno. Ele denota a realidade da existência de quem ou do que *é*; ele declara a autenticidade e verdade dele ou dela.

Esta pesquisa preliminar do significado de ter e ser leva a estas conclusões:

1. Por ser ou ter não me refiro a certas qualidades distintas de um sujeito em declarações como: "eu tenho um carro", "eu sou branco" ou "eu sou feliz". Refiro-me a dois modos fundamentais de existência, a duas diferentes espécies de orientação para com o eu e o mundo, a duas diferentes espécies de estrutura de caráter cujas respectivas predominâncias determinam a totalidade do pensar, sentir e agir de uma pessoa.

2. No modo ter de existência, meu relacionamento com o mundo é de pertença e posse, em que quero que tudo e todos, inclusive eu mesmo, sejam minha propriedade.

3. No modo ser de existência, devemos reconhecer duas formas de ser. Uma está em contraste com *ter*, como exemplificado na declaração de Du Marais, e significa vitalidade e relacionamento autêntico com o mundo. A outra forma de ser está em contraste com *aparecer* e se refere à verdadeira natureza, à verdadeira realidade, de uma pessoa ou coisa, em contraste com aparências ilusórias como exemplificado na etimologia de ser (Benveniste).

Conceitos Filosóficos de Ser

A análise do conceito de ser complica-se ainda mais, devido a ter sido assunto de milhares de livros filosóficos, e a questão "que é o ser" tem sido uma das mais críticas da filosofia ocidental. Embora o conceito de ser venha a ser tratado neste livro dos pontos de vista antropológico e psicológico, a análise filosófica não está, evidentemente, excluída dos problemas antropológicos. Tendo em vista que mesmo uma curta apresentação da evolução do conceito de ser na história da filosofia, desde os pré-socráticos até a filosofia moderna, iria muito além dos limites deste livro, menciono apenas uma questão aguda: o conceito de *processo, atividade e movimento como um elemento no ser.* Como assinalou George Simmel, a idéia de que ser implica mudança, isto é, ser é *transformar-se*, tem seus dois maiores e mais intransigentes representantes no início e no apogeu da filosofia ocidental: Heráclito e Hegel.

A noção de que o ser é uma substância permanente, intemporal e imutável, o contrário do transformar-se, tal como expressa por Parmênides, Platão e os "realistas" escolásticos, só tem sentido com base na noção idealista de que um pensamento (idéia) é a realidade única e definitiva. Se a *idéia* de amor (no sentido de Platão) é mais real que a experiência de amar, pode-se dizer que o amor como idéia é permanente e imutável. Mas no domínio da realidade dos seres humanos existentes, amando, odiando, sofrendo, nenhum ser existe que não seja ao mesmo tempo transformação e mudança. As estruturas vivas só podem existir se se transformarem; só podem existir se mudarem. Mudança e crescimento são qualidades inerentes do processo vital.

O conceito radical de Heráclito e Hegel de vida como um processo, e não como uma substância, é comparável, no mundo oriental, à filosofia do Buda. Não há lugar no pensamento budista para o conceito de uma substância permanentemente durável, sejam coisas ou o eu. Nada é real; tudo são processos.* O pensamento científico contemporâneo ensejou o renascimento dos conceitos filosóficos de "processos de pensamento", descobrindo-os e aplicando-os às ciências naturais.

Ter e Consumir

Antes de analisar alguns casos simples dos modos ter e ser de existência, devemos mencionar outra manifestação do ter, isto é, a de *incorporar*. Incorporar uma coisa, como por exemplo, comendo-a ou bebendo-a, é uma forma arcaica de possuí-la. A certa altura do seu desenvolvimento, uma criança tende a levar tudo o que quer à boca. É a forma de a criança tomar posse, quando o seu desenvolvimento físico não lhe permite ainda outras formas de controlar suas posses. Encontramos a mesma interligação entre incorporação e posse em muitas formas de canibalismo. Por exemplo: ao comer outro ser humano, adquiro os poderes daquela pessoa (desse modo, o canibalismo pode ser o equivalente mágico de adquirir escravos); ao comer o coração de um homem corajoso, adquiro sua coragem; comendo um animal

* Z. Fiser, um dos mais notáveis filósofos tchecoslovacos, embora pouco conhecido, relacionou o conceito budista de processo à filosofia marxista autêntica. Infelizmente, a obra foi publicada apenas em tcheco e é portanto inacessível à maioria dos leitores ocidentais (conheço-a por uma tradução particular para o inglês).

totêmico, adquiro a substância divina que o animal totêmico simboliza.

Evidentemente, a maior parte dos objetos não pode ser incorporada fisicamente (e tanto mais que, se pudesse, esses objetos se perderiam de novo no processo de eliminação). Mas há também incorporação *simbólica* e *mágica*. Se acredito que incorporei a imagem de um deus, de um pai ou de um animal, ela não pode ser afastada nem eliminada. Eu engulo o objeto simbolicamente e acredito em sua presença simbólica dentro de mim mesmo. Assim explicava Freud o superego: a soma total introjetada das proibições e ordens paternas. Uma autoridade, instituição, idéia ou imagem, pode ser introjetada do mesmo modo: eu a *tenho*, no caso, eternamente protegida em minhas vísceras. ("Introjeção" e "identificação" são freqüentemente usadas como sinônimos, mas é difícil concluir se constituem realmente o mesmo processo. Pelo menos, "identificação" não deve ser empregada a esmo, sem rigor, sendo então preferível falar de imitação ou subordinação.)

Há muitas outras formas de incorporação que não estão relacionadas com necessidades psicológicas e que, por conseguinte, são ilimitadas. A atitude inerente no consumismo é a de engolir o mundo todo. O consumidor é a eterna criança de peito berrando pela mamadeira. Isso é óbvio nos fenômenos patológicos, tais como no alcoolismo e na dependência a drogas. Separamos essas dependências apenas porque seus efeitos influem nas obrigações sociais do viciado. Fumar compulsivamente não é censurado desse modo, embora não deixe também de ser um vício, porque não prejudica as funções sociais do fumante, mas possivelmente "apenas" a duração de sua vida.

Trataremos com mais profundidade de outras formas de consumismo em parte subseqüente deste livro. Devo apenas assinalar, a esta altura que, como lazer, automóveis, viagens, televisão e sexo são os principais objetos atuais de consumismo, e embora eu fale deles como atividades de passar tempo, deveríamos de preferência chamá-las *passividade* de passar tempo.

Em resumo, consumir é uma forma de ter, e talvez a mais importante da atual sociedade abastada industrial. Consumir apresenta qualidades ambíguas: alivia ansiedade, porque o que se tem não pode ser tirado; mas exige que se consuma cada vez mais, porque o consumo anterior logo perde a sua característica de satisfazer. Os consumidores modernos podem identificar-se pela fórmula: *eu sou = o que tenho e o que consumo.*

II

Ter e Ser na Experiência Cotidiana

Devido ao fato de que a sociedade em que vivemos está empenhada em adquirir propriedade e obter lucro, raramente percebemos prova de um modo ser de existência, e a maioria das pessoas vê o modo ter de existência como o mais natural, e até mesmo o único modo de vida aceitável. Tudo isso dificulta às pessoas apreender a natureza do modo ser, e mesmo compreender que o ter não passa de uma das orientações possíveis. Contudo, esses dois conceitos estão enraizados na experiência humana. Nenhum dos dois deve, nem pode, ser examinado abstratamente, de modo puramente cerebral; ambos estão refletidos em nossa vida cotidiana e devem ser tratados de maneira concreta. Os exemplos seguintes de como ter e ser são demonstrados na vida cotidiana podem ajudar os leitores a compreender esses dois modos alternativos de existência.

Aprendendo

Os estudantes, no modo ter de existência, ouvirão uma conferência, ouvindo as palavras e compreendendo sua estrutura lógica e significado e, da melhor maneira possível, anotarão cada expressão num caderno de folhas destacáveis — de modo que, mais tarde, possam memorizar suas anotações e assim passar nos exames. Mas o conteúdo não se converte em parte de seu próprio sistema individual de idéias, enriquecendo-o e ampliando-o. Pelo contrário, eles transformam as palavras ouvidas em núcleos fixos de pensamento, ou teorias inteiras, que eles armazenam. Estudantes e conteúdo das conferências permanecem estranhos um ao outro, exceto quanto a que cada estudante tornou-se proprietário de um acervo de enunciados feitos por alguém (que os criou ou tomou-os de outra fonte).

Os estudantes, no modo ter, só têm um objetivo: contemplar o que eles "aprenderam", ou fixando-o firmemente na memória ou conservando cuidadosamente suas anotações. Não têm que produzir ou criar algo de novo. De fato, o indivíduo do tipo *ter* sente-se até perturbado por novos pensamentos ou idéias sobre um assunto, porque o que é original põe em questão o acervo fixo de dados que ele possui. Na realidade, para aquele cuja principal forma de relacionamento com o mundo é o ter, as idéias que não possam facilmente ser enfeixadas (ou anotadas) * são assustadoras — como tudo o mais que aumenta e se transforma, e seja dessa maneira incontrolável.

O processo de aprendizagem tem uma qualidade totalmente diferente para estudantes no modo ser de relacionamento *com* o mundo. De início, eles não vão a um ciclo de conferências, nem à primeira de uma série, como *tabulae rasae*. Eles pensaram antes nos problemas de que tratarão as conferências e levam em mente algumas questões e problemas próprios. Ocuparam-se do tópico e ele lhes interessa. Em vez de serem receptáculos passivos de palavras e idéias, eles prestam atenção, *ouvem*, e, mais importante, *recebem* e *reagem* ativamente, de modo produtivo. Aquilo que ouvem estimula seus próprios processos de pensar. Novas questões, novas idéias e novas perspectivas surgem em suas mentes. Sua atenção é um processo vivo. Eles ouvem com interesse, escutam o que o conferencista diz, e espontaneamente voltam à vida em reação ao que ouvem. Eles não apenas adquirem um conhecimento que podem obter em casa ou memorizar. Cada estudante foi atingido e modificou-se: cada um deles ou delas é diferente após a conferência em relação ao que era antes dela. Evidentemente, esse modo só pode prevalecer caso a conferência ofereça material estimulante. Não se pode reagir a mero palavreado no modo ser, e em tais circunstâncias os estudantes no modo ser acham melhor nem mesmo ouvir, mas concentrar-se em seus próprios pensamentos.

Pelo menos de passagem, devemos fazer uma referência aqui à palavra "interesse", que na linguagem corrente tornou-se uma expressão pálida e gasta. Contudo, seu significado essencial está contido na sua raiz: do latim, *inter-esse*, "estar em (ou) entre". Esse interesse ativo era expresso em inglês medieval pelo termo

* O autor faz aqui um trocadilho, irreproduzível na tradução, com *pinned down* e *penned down* (N. do T.).

to list (adjetivo, *listy*; advérbio *listily*). No inglês moderno, *to list* usa-se apenas em sentido espacial: *a ship lists* (adernação do navio); temos o significado original, no sentido psíquico, apenas na forma negativa *listless* (negligente, descuidado, relaxado, indiferente). *To list*, antigamente, significava "lutar denodadamente por", "estar verdadeiramente interessado em". A raiz é a mesma de *lust* (cobiça, desejo, lascívia, luxúria, concupiscência, sensualidade, impudicícia), mas *to list* (catalogar, registrar, tabelar, faturar, etc.) não é uma forma de cobiça pela qual se é *dirigido*, mas o *livre e ativo interesse em alguma coisa*, ou *luta por alguma coisa*. *To list* é uma das expressões-chaves do autor anônimo (meados do século XIV) de *The Cloud of Unknowing* (Evelyn Underhill, editores). É característico da mudança de espírito na sociedade, do século XIII ao século XX, que a língua só tenha retido da palavra o seu sentido negativo.

Lembrando

A lembrança pode ocorrer tanto no modo ser como no modo ter. O que mais importa quanto à diferença entre as duas formas de lembrança é a *espécie* de ligação feita. No modo ter de lembrar, a ligação é inteiramente *mecânica*, como quando a ligação entre uma palavra e a seguinte torna-se firmemente estabelecida pela freqüência com que é feita. Ou as conexões podem ser puramente *lógicas*, tais como a conexão entre contrários, ou entre conceitos convergentes, ou com tempo, espaço, dimensão, cor, ou dentro de dado sistema de idéias.

No modo ser, lembrar é recordar *ativamente* palavras, idéias, paisagens, pinturas, música; isto é, ligando o dado simples a ser lembrado e os outros muitos dados com que se correlaciona. Essas ligações no modo ser nem são puramente mecânicas nem puramente lógicas, mas vivas. Um conceito interliga-se com outro mediante um ato produtivo de pensar (ou sentir) que é posto em ação quando se procura a palavra certa. Um exemplo simples: se eu associo "dor" ou "aspirina" com a expressão "dor de cabeça", trata-se de uma associação lógica convencional. Mas se associo a palavra "tensão" ou "ira" com "dor de cabeça", ligo certo dado com suas possíveis conseqüências, intuição a que cheguei ao estudar o fenômeno. Este último tipo de lembrança constitui em si um ato de pensamento produtivo. Os exemplos mais contundentes desse tipo de lembrança viva são as "associações livres" vislumbradas por Freud.

Pessoas que não sejam principalmente tendentes a guardar dados acharão que suas memórias precisam de um forte e imediato *interesse* para que funcionem bem. Por exemplo, sabe-se que as pessoas lembram palavras de uma língua estranha há muito esquecida quando é de vital importância que assim seja. E na minha experiência pessoal, já que não sou dotado de memória muito boa, ocorre-me lembrar o sonho de uma pessoa que analisei, até duas ou cinco semanas depois, quando de novo me vejo face a face com ela e me concentro em toda a personalidade daquela pessoa. Contudo, cinco minutos antes, como se estivesse frio, eu seria absolutamente incapaz de lembrar aquele sonho.

Lembrar, no modo ser, implica trazer à vida algo visto ou ouvido antes. Podemos experimentar esta lembrança produtiva tentando antever o rosto de uma pessoa ou a cena que antes vimos. Não seremos capazes de lembrar imediatamente em ambos os casos; devemos recriar o assunto, trazê-lo à vida em nossa mente. Essa espécie de lembrança nem sempre é fácil; para sermos capazes de recordar plenamente a face ou o cenário devemos antes tê-los visto com suficiente concentração. Quando se consegue plenamente essa lembrança, é como se a pessoa cuja face recordamos estivesse viva, e a cena recordada fosse verdadeira, como se aquela pessoa ou aquela cena estivessem na realidade concretamente diante de nós.

A maneira pela qual uma pessoa, no modo ter, lembra um rosto ou uma cena, é caracterizada pelo modo como a maioria das pessoas olha para uma fotografia. A fotografia serve apenas como um auxílio para a sua memória na identificação de um rosto ou cena, e a reação comum que se verifica é: "sim, é ele"; ou "sim, estive aqui". Para a maioria das pessoas, a fotografia torna-se uma memória *alienada.*

A memória confiada ao papel é outra forma de lembrança alienada. Ao anotar o que quero lembrar, estou certo de *ter* aquela informação, e não tento gravá-la em meu cérebro. Estou certo de minha posse — exceto que, quando tenha perdido minhas anotações, perdi também minha lembrança das informações. Minha capacidade de lembrar abandonou-me, porque meu banco de lembranças tornou-se uma parte posta fora de mim, sob a forma de minhas anotações.

Considerando a multidão de dados que as pessoas, na sociedade contemporânea, precisam lembrar, é inevitável que se faça alguma notação e que certos dados sejam lançados em livros. Pode-se observar melhor e mais facilmente conosco mesmos que ao anotar coisas diminui nossa capacidade de lembrar, embora alguns exemplos típicos possam mostrar-se úteis.

Um exemplo cotidiano ocorre em lojas. Atualmente, um vendedor raramente fará uma simples soma de dois ou três artigos de cabeça, mas usará imediatamente a máquina de somar. A sala de aula nos dá outro exemplo. Os professores observam que os estudantes que anotam cuidadosamente cada frase da aula, com toda probabilidade compreenderão e lembrarão menos que os estudantes que confiam em sua capacidade de compreender e, por conseguinte, lembram pelo menos o essencial. Além disso, os músicos sabem que os que mais facilmente lêem à primeira vista têm mais dificuldade em lembrar a música sem a partitura.* (Toscanini, cuja memória era notoriamente extraordinária, é um bom exemplo de músico no modo ser.) Como exemplo final, observei no México que as pessoas analfabetas ou que pouco escrevem têm memória muito superior à dos habitantes muito lidos dos países industrializados. Entre outros fatos, isso sugere que a alfabetização não é de modo algum a bênção que se proclama, sobretudo quando é utilizada meramente para ler matérias que empobrecem a capacidade de vivenciar e imaginar.

Conversando

A diferença entre os modos ter e ser pode ser facilmente observada em dois exemplos de diálogos. Tomemos um diálogo típico em que A *tem* a opinião X e B *tem* a opinião Y. Cada um se identifica com sua própria opinião. O que importa a cada um é achar argumentos melhores, isto é, mais sensatos, para defender sua opinião. Nenhum dos dois espera mudar sua opinião, ou que a opinião do seu adversário venha a mudar. Cada um teme mudar sua própria opinião, precisamente porque é uma de suas posses, e porque sua perda significaria um empobrecimento.

A situação é um tanto diferente numa conversação que não pretende ser um debate. Quem não passou pela experiência de ter recorrido a uma pessoa destacada pela proeminência ou fama, ou mesmo por qualidades reais, ou a uma pessoa de quem se deseja alguma coisa como um bom emprego, ser amado, ser admirado? Em circunstâncias como essas, muitas pessoas tendem a ficar pelo menos um tanto ansiosas, e não raro se "preparam" para o encontro importante. Pensam naquilo que pode interessar

* Esta informação me foi dada pelo Dr. Moshe Budmor.

a outra pessoa; pensam antes como poderiam iniciar a conversação; alguns chegam a delinear por escrito toda a conversa, quanto ao que pretendem dizer. Ou podem escorar-se pensando no que *têm*: seu êxito passado, sua personalidade encantadora (ou sua personalidade intimidadora se este papel for mais eficaz), sua posição social, suas relações, sua aparência e modo de vestir. Numa palavra, fazem um balanço mental de seu valor, e baseados nessa avaliação exibem suas mercadorias no curso da conversa. A pessoa que seja muito boa nisso de fato impressionará muita gente, embora a impressão criada seja apenas parcialmente devida ao desempenho do indivíduo e amplamente devida à pobreza de julgamento da maioria das pessoas. Se o executante não for tão destro, porém, o desempenho parecerá desajeitado, inautêntico, maçante e não suscitará muito interesse.

Em contraste, há aqueles que enfrentam uma situação sem nada preparar de antemão, não se apoiando absolutamente em coisa alguma. Pelo contrário, reagem espontaneamente e de modo produtivo; esquecem-se de si mesmos, do conhecimento e da posição que têm. Seus egos não se situam no centro, e precisamente por esta razão estão aptas a reagir plenamente a outras pessoas e às idéias de outrem. Geram idéias originais, porque não se estão agarrando a coisa alguma e podem assim produzir e dar. Enquanto as pessoas do modo ter confiam no que *têm*, as pessoas do modo ser confiam no fato de que *são*, que estão vivas e que alguma coisa nova nascerá, bastando para isso que tenham coragem para deixar-se ir e reagir. Chegam plenamente vivas ao diálogo, porque não se sufocam pela ansiedade com respeito ao que têm. Sua própria vivacidade é contagiante e não raro contribui para que a outra pessoa supere sua egocentricidade. Desse modo, o diálogo deixa de ser uma troca de mercadorias (informações, conhecimento, *status*) e torna-se um diálogo em que não importa mais quem esteja certo. Os adversários começam a dançar juntos, e despedem-se não com triunfo ou derrota — que são igualmente estéreis — mas com alegria (o fator essencial na terapia psicanalítica é a qualidade vivificadora do psicanalista. Nada na interpretação psicanalítica terá efeito se a atmosfera for pesada, inerte e tediosa).

Lendo

O que dissemos sobre o diálogo vale igualmente para a leitura que é — ou deve ser — um diálogo do autor com o leitor. Evidentemente, na leitura (como no diálogo pessoal), aquele *de quem* lemos (ou com quem falamos) é importante. Ler uma novela sem arte, barata, é uma forma de devaneio. Não permite reação produtiva; o texto é engolido como um programa de televisão, ou batatas fritas que se comem enquanto se conversa ou se vê televisão. Mas uma novela como as de Balzac pode ser lida com íntima participação, criativamente — isto é, no modo ser. Contudo, talvez a maior parte do tempo seja também lida no modo ter — tipo consumo. Tendo suscitada a curiosidade, os leitores querem saber o enredo: se o herói morre ou vive, se a heroína é seduzida ou resiste; querem saber as respostas. Um romance serve como uma espécie de amostra para excitá-los; o fim infeliz ou feliz culmina sua experiência: quando sabem o fim, *têm* toda a história, quase tão real quanto se tivesse sido desenterrada da sua lembrança. Mas não vitalizaram seu conhecimento; não compreenderam o personagem no romance e assim não aprofundaram seu conhecimento da natureza humana, nem ganharam conhecimento sobre si mesmas.

Os modos de leitura são os mesmos com respeito a um livro cujo tema seja filosofia ou história. O modo como se lê um livro de filosofia ou história forma-se — ou melhor, deforma-se — pela educação. A escola tem em vista dar a cada estudante certa quantidade de "propriedade cultural", e no fim do curso os estudantes recebem um certificado de *terem* pelo menos o mínimo exigido. Ensina-se aos estudantes a ler um livro de modo que possam repetir os principais pensamentos do autor. Assim é como os estudantes "conhecem" Platão, Aristóteles, Descartes, Spinoza, Leibniz, Kant, Heidegger, Sartre. A diferença entre vários níveis de educação, desde o segundo grau à universidade, é sobretudo na quantidade de propriedade cultural adquirida, que corresponde aproximadamente à quantidade de propriedade material que os estudantes podem esperar possuir mais tarde. Os chamados estudantes excelentes são aqueles que podem mais cuidadosamente repetir o que cada um dos diversos filósofos teve a dizer. São como um guia de museu bem informado. O que eles não aprendem é o que está por trás dessa espécie de conhecimento tipo propriedade. Não aprendem a discutir os filósofos, conversar com eles; não aprendem a tomar consciência das contradições do filósofo, do seu abandono de certos problemas ou da fuga de suas soluções; não aprendem a distinguir entre o que era original e o que os autores não puderam fazer contra o que era "senso comum" de sua época; não aprendem a ouvir de modo a estarem aptos a distinguir quando os autores falam apenas do que pensam com o cérebro e quando seu cérebro e coração falam juntos; não aprendem a descobrir se os autores são autênticos ou falsos; e muitas outras coisas.

Os leitores do modo ser não raro chegarão à conclusão de que até mesmo um livro altamente apreciado é inteiramente sem valor ou de valor muito restrito. Ou podem ter plenamente compreendido um livro, às vezes melhor que o autor, que pode ter considerado tudo o que escreveu como sendo igualmente importante.

Exercendo Autoridade

Outro exemplo da diferença entre os modos ter e ser é o exercício da autoridade. O ponto crucial é expresso na diferença entre *ter* autoridade e *ser* uma autoridade. Quase todos nós exercemos autoridade pelo menos em alguma fase de nossa vida. Quem educa os filhos deve exercer autoridade — queira ou não — a fim de protegê-los dos perigos e dar-lhes pelo menos alguns conselhos quanto a como agir em diversas situações. Numa sociedade patriarcal, também as mulheres são objeto de autoridade pela maioria dos homens. A maior parte dos membros de uma sociedade organizada burocrática e hierarquicamente como a nossa também exerce autoridade, exceto os que se situam no nível mais baixo, que apenas são sujeitos à autoridade.

Nossa compreensão de autoridade nos dois modos depende do reconhecimento de que "autoridade" é um termo amplo, com dois significados totalmente diferentes: ela pode ser ou "racional" ou "irracional". A autoridade racional baseia-se na competência, e ajuda a pessoa que nela se ampara a crescer. A autoridade irracional baseia-se na força e serve para explorar a pessoa sujeita a ela. (Analisei essa distinção em meu livro *O Medo à Liberdade.*) *

Nas sociedades mais primitivas, isto é, a dos caçadores e coletores de alimentos, a autoridade é exercida pela pessoa em geral reconhecida como sendo competente para a função. Que qualidades são essas em que repousa a competência, depende muito de circunstâncias específicas, embora se tenha impressão de que elas englobem experiência, prudência, generosidade, destreza, "presença", coragem. Não existe qualquer autoridade permanente em muitas dessas tribos, mas surge uma autoridade em caso de necessidade. Ou então há diferentes autoridades para diferentes ocasiões: guerra, prática religiosa, conciliação de confli-

* Publicado no Brasil por Zahar Editores. (N. do T.)

tos. Quando desaparecem ou enfraquecem as qualidades em que a autoridade repousa, a própria autoridade acaba. Uma forma muito semelhante de autoridade pode ser observada em muitas sociedades primitivas, em que a competência é, não raro, estabelecida não pela força física, mas por qualidades tais como experiência e "sabedoria". Numa experiência muito bem elaborada com macacos, J. M. R. Delgado (1967) demonstrou que, se o animal dominante, mesmo momentaneamente, perder as qualidades que constituem sua competência, perderá sua autoridade.

Autoridade, no modo ser, fundamenta-se não apenas na competência do indivíduo para preencher certas funções sociais, mas igualmente, também, na própria essência de uma personalidade que atingiu alto grau de aperfeiçoamento e integração. Tais pessoas irradiam autoridade e não têm que dar ordens, ameaçar, subornar. São indivíduos altamente evoluídos que demonstram pelo que são — e não pelo que fazem ou dizem — o que os seres humanos podem ser. Os grandes Mestres da Vida eram autoridades como essa, e em menor grau de perfeição, indivíduos como esses podem ser encontrados em todos os níveis educacionais e nas mais diversas culturas. (O problema da educação gira em torno dessa questão. Se os pais fossem mais desenvolvidos e permanecessem em seu próprio centro, a oposição entre educação autoritária e livre dificilmente existiria. Faltando essa autoridade no modo ser, a criança reage a ela com grande ardor; por outro lado, a criança se rebela contra a pressão, negligência ou "excesso" por pessoas que demonstram por sua própria conduta que elas mesmas não fizeram o esforço que esperam da criança em crescimento.)

Com a formação de sociedades baseadas numa ordem hierárquica e muito maiores e mais complexas que as de caçadores e coletores, a autoridade pela competência cede lugar à autoridade pela posição social. Isso não significa que a autoridade existente não tenha necessariamente competência; significa, de fato, que a competência não é elemento essencial da autoridade. Se lidamos com autoridade monárquica — em que a loteria dos genes determina qualidades de competência — ou com um criminoso sem escrúpulos que tem êxito em obter autoridade pelo crime ou traição, ou, como freqüentemente na democracia moderna, com autoridades eleitas com base em sua fisionomia fotogênica ou pelo dinheiro que podem gastar nas eleições, em todos esses casos quase não deve haver relação entre competência e autoridade.

Mas há, inclusive, sérios problemas nos casos de autoridade estabelecida com base em alguma competência: um líder pode ter sido competente num campo, incompetente em outro — por exemplo, um estadista pode ser competente no comando da guerra e incompetente em tempos de paz; ou um líder que é honesto e corajoso no início de sua carreira perde essas qualidades pela sedução do poder; a idade ou distúrbios físicos podem levar a certa deterioração. Por fim, deve-se considerar que é muito mais fácil para os membros de uma tribo pequena julgar a conduta de uma autoridade do que o é para milhões de pessoas em nosso sistema, que conhecem seu candidato apenas pela imagem artificial criada pelos especialistas em relações públicas.

Sejam quais forem as razões para a perda das qualidades constituintes da competência, na maioria das sociedades maiores e mais hierarquicamente organizadas ocorre o processo de alienação da autoridade. A real ou pretensa competência inicial é transferida para o uniforme ou mero título da autoridade. Se a autoridade veste o uniforme adequado ou tem o título adequado, este sinal externo de competência substitui a competência verdadeira e suas qualidades. O rei — uso esse título como símbolo para esse tipo de autoridade — pode ser obtuso, cheio de vícios, mau, isto é, inteiramente incompetente para *ser* uma autoridade, e contudo *tem* autoridade. Na medida em que tem o título, supõe-se ter as qualidades de competência. Mesmo que o imperador esteja nu, todos acreditam que use belas roupagens.

Não acontece por si mesmo que o povo tome uniformes e títulos pelas reais qualidades de competência. Quem use esses símbolos de autoridade e quem se beneficie deles deve iludir o pensamento crítico e realista de seu povo e obrigá-lo a crer na ficção. Quem quer que pense sobre ela saberá das maquinações da propaganda, os métodos pelos quais o julgamento crítico é destruído, como a mente é levada à submissão por clichês, como o povo é empulhado porque se tornou dependente e perdeu sua capacidade de confiar nos próprios olhos e no próprio julgamento. O povo torna-se cego à realidade pela ficção em que acredita.

Ter Conhecimento e Conhecer

A diferença entre o modo ter e o modo ser na esfera do *conhecimento* expressa-se em duas formulações: "tenho conhecimento" e "conheço". *Ter* conhecimento é tomar e conservar posse de conhecimento disponível (informação); *conhecer* é funcional e serve apenas como meio no processo de pensamento produtivo.

Nossa compreensão da qualidade do conhecimento no modo ser de existência pode ser fortalecida pelos enfoques de pensadores como Buda, os profetas hebreus, Jesus, Mestre Eckhart, Sigmund Freud e Karl Marx. Ao ver deles, o conhecimento começa com a consciência do caráter ilusório de nossas percepções do senso comum, no sentido de que nosso quadro da realidade concreta não corresponde ao que é "verdadeiramente real" e, sobretudo, no sentido de que a maioria das pessoas está meio desperta, meio sonhadora, e inconsciente de que a maior parte do que considera verdadeiro e evidente por si é ilusão produzida pela influência sugestiva do mundo social em que vive. Conhecer, pois, começa com o destroçamento das ilusões, com o *des*ilusionamento (*Ent-tauschung*). Conhecer significa penetrar através da superfície, a fim de chegar às raízes, e, por conseguinte, às causas; conhecer significa "ver" a realidade em sua nudez. Conhecer não significa estar de posse da verdade; significa penetrar além da superfície e lutar critica e ativamente a fim de se aproximar cada vez mais da verdade.

Essa qualidade de penetração criativa é expressa na *jadoa* hebraica, que significa saber e amar, no sentido de penetração sexual masculina. Buda, o Desperto, conclama o povo a despertar e libertar-se da ilusão que faz ansiar por coisas que levem à felicidade. Os profetas hebreus exortam o povo a que desperte e saiba que seus ídolos não passam de obras de suas mãos, são ilusões. E Jesus diz: "A verdade vos libertará!" Mestre Eckhart exprimiu seu conceito de conhecimento muitas vezes; por exemplo, ao falar de Deus, diz ele: "O conhecimento não consiste de certo pensamento, mas sim um descascamento [de todos os envoltórios], é desinteressado e corre desnudo para Deus, até que o toca e o apreende" (Blakney, p. 243). ("Nudez" e "desnudo" são expressões prediletas de Mestre Eckhart, assim como de seu contemporâneo, o autor anônimo de *The Cloud of Unknowing.*) De acordo com Marx, é preciso destruir as ilusões a fim de criar as condições para que as ilusões sejam desnecessárias. O conceito de autoconhecimento para Freud baseia-se na idéia de destruir as ilusões ("racionalizações") a fim de tornar consciente a realidade inconsciente. (Sendo o último dos pensadores do iluminismo, Freud pode ser considerado um pensador revolucionário em termos de filosofia iluminista do século XVIII, não em termos de século XX.)

Todos esses pensadores estavam interessados na salvação humana; todos criticaram os padrões de idéias socialmente aceitos. Para eles, o objetivo do conhecimento não é a certeza da "verdade absoluta", algo de que se pode estar certo, mas o *processo de auto-afirmação da razão humana.* A ignorância, para aquele que *sabe*, é tão boa quanto o conhecimento, pois ambos, ignorância e conhecimento, são parte do processo do conhecer, muito embora ignorância deste tipo seja diferente da ignorância do não pensar. O conhecimento ideal no modo ser é *conhecer mais profundamente.* No modo ter é *ter mais conhecimento.*

Nosso processo educativo, em geral, tenta adestrar as pessoas a *terem* conhecimento como uma posse, geralmente comensurável com a quantidade de propriedade ou prestígio social que ele deve proporcionar mais tarde. O mínimo que recebem é a quantidade necessária a fim de funcionar adequadamente em seu trabalho. Além disso, dá-se-lhes uma "embalagem de conhecimento de luxo" para fortalecer seu sentimento de valor, sendo o tamanho da embalagem de acordo com o provável prestígio social da pessoa. As escolas são as fábricas em que a embalagem desse conhecimento completo é produzida — embora as escolas em geral aleguem que pretendem levar os estudantes ao encontro dos mais elevados feitos do espírito humano. Muitas instituições de ensino superior são hábeis em nutrir essas ilusões. Desde o pensamento e artes hindus ao existencialismo e surrealismo, um vasto amontoado de conhecimento é oferecido, dos quais os estudantes colhem um pouco aqui, um pouco ali, e em nome da espontaneidade e liberdade não se insiste em que se concentrem num assunto, nem mesmo que acabem a leitura de um livro inteiro. (A crítica radical que Ivan Illich faz sobre esse sistema escolar traz à tona muitas dessas falhas.)

Fé

Num sentido religioso, político ou pessoal, o conceito de fé pode ter dois significados inteiramente diferentes, dependendo de ser tomado no modo ter ou no modo ser.

A fé, no modo ter, é a posse de uma resposta àquilo para o que não se tem qualquer prova racional. Ela consiste de formulações criadas por outros, que se aceita porque se aceita sujeição a outros — em geral uma burocracia. Ela traz consigo o sentimento de certeza devido ao poder concreto (ou apenas imaginário) da burocracia. É o bilhete de ingresso para juntar-se a um grupo grande de pessoas. Ela alivia da árdua tarefa de pensar e tomar decisões próprias. A pessoa torna-se um dos *beati possidentes*, os felizes proprietários da verdadeira fé. A fé, no modo ter, dá certeza; ela reivindica promulgar o conhecimento definitivo e inabalável, que é crível devido ao poder daqueles que promulgam e protegem a fé parecer inabalável. Na verdade, quem não preferiria a certeza, se tudo o que ela exige é que se renuncie à própria independência?

Deus, originariamente símbolo para o mais alto valor que podemos experimentar dentro de nós, torna-se, no modo ter, um ídolo. No conceito profético, um ídolo é aquela *coisa* que nós mesmos fabricamos e na qual projetamos nossos próprios poderes, e desse modo nos empobrecendo. Depois nos submetemos à nossa criação e por nossa submissão entramos em contato conosco mesmos numa forma alienada. Embora eu possa *ter* um ídolo porque ele é uma coisa, por minha submissão a *ele*, ele ao mesmo tempo tem a *mim*. Uma vez que Ele se tornou um ídolo, as pretensas qualidades de Deus pouco têm a ver com minha experiência pessoal, como fazem as doutrinas políticas alienadas. O ídolo pode ser louvado como Senhor de Misericórdia, e no entanto qualquer crueldade pode ser cometida em seu nome, assim como a fé alienada na solidariedade humana pode sequer suscitar dúvidas sobre a prática dos atos mais desumanos. A fé, no modo ter, é uma muleta para aqueles que querem estar na certeza, aqueles que querem uma resposta para a vida sem ousar procurá-la por si mesmos.

No modo ser, a fé é um fenômeno totalmente diferente. Acaso podemos viver sem fé? Acaso não deverá a criança de peito ter fé no seio materno? Acaso não devemos ter fé em outros seres, naqueles a quem amamos, e fé em nós mesmos? Podemos viver sem fé na validez das normas para a nossa vida? De fato, sem fé tornamo-nos estéreis, desesperançados, temerosos do próprio núcleo do nosso ser.

A fé, no modo ser, não é, em primeiro lugar, uma crença em certas idéias (embora possa também ser isto), mas uma orientação íntima, uma *atitude*. Seria preferível dizer-se que se *está na* fé, em vez de que se *tem* fé. (A distinção teológica entre fé que *é* crença [*fides quae creditur*] e fé *como* crença [*fides qua creditur*] reflete uma distinção semelhante entre o *conteúdo* da fé e do *ato* de fé.) Pode-se estar em fé consigo mesmo ou para com outros, e a pessoa religiosa pode estar em fé para com Deus. O Deus do Velho Testamento é, antes de tudo, uma negação de ídolos, de deuses que podemos *ter*. Embora concebido por analogia com um rei oriental, o conceito de Deus transcende a si mesmo desde o início. Deus não deve ter nome; não se deve fazer qualquer imagem de Deus.

Mais tarde, no desenvolvimento judaico e cristão, tenta-se conseguir completa desidolatração de Deus, ou antes, lutar contra o perigo de converter Deus em ídolo, postulando-se que nem mesmo as qualidades de Deus podem ser enunciadas. Ou mais radicalmente, no misticismo cristão — desde Dionísio Areopagita (pseudo Dionísio) até o autor desconhecido de *The Cloud of Unknowing* e Mestre Eckhart — o conceito de Deus tende a ser o de Único, o "Espírito" (Aquele que não é coisa), reunindo assim modos de ver contidos nos Vedas e no pensamento neoplatônico. Essa fé em Deus é testemunhada por experiência íntima das qualidades divinas na pessoa; é um processo de autocriação contínuo e ativo — ou, como o diz Mestre Eckhart, de Cristo eternamente nascendo dentro de nós mesmos.

Nossa fé em nós mesmos, em outro, na humanidade, em nossa capacidade de tornarmo-nos plenamente humanos, também implica certeza, mas certeza baseada em nossa própria experiência, e não em nossa submissão a uma autoridade que dita certa crença. É certeza de uma verdade que não pode ser demonstrada por evidência racionalmente obrigante, contudo, verdade de que estou certo devido à minha evidência vivencial e subjetiva. (A palavra hebraica para fé é *emunah*, "certeza"; *amen* significa "certamente".)

Se estou certo da integridade de um homem, não poderia comprovar sua integridade até seu último dia; estritamente falando, se sua integridade permanece imaculada até a época de sua morte, mesmo isso não excluiria o ponto de vista positivista de que ele a podia ter violado se tivesse vivido mais tempo. Minha certeza repousa no conhecimento em profundidade que eu tenho de outrem e de minha própria experiência de amor e integridade. Esta espécie de conhecimento só é possível na medida em que posso mergulhar em meu próprio ego e perceber o outro homem tal qual ele *é*, reconhecer a estrutura de forças nele, vê-lo em sua individualidade e ao mesmo tempo em sua humanidade universal. Então sei o que outrem pode fazer, o que não pode, e o que não fará. Evidentemente, não pretendo com isso dizer que poderia prever todo o seu comportamento futuro, mas apenas as linhas gerais de conduta que estão enraizadas em traços básicos de caráter, tais como a integridade, a responsabilidade, etc. (Veja-se o capítulo sobre "Fé como um traço do caráter" em *Análise do Homem*.

Essa fé baseia-se em fatos; daí ser racional. Mas os fatos não são identificáveis ou "comprováveis" pelo método da psicologia convencional positivista; eu, a pessoa viva, sou o único instrumento que pode "registrá-los".

Amor

O amor tem também dois significados, dependendo de se falar dele no modo ter ou no modo ser.

Pode-se *ter* amor? Se pudéssemos ter amor, ele deveria ser uma coisa, uma substância que possamos ter, possuir, adquirir. A verdade é que não existe algo como "amor". "Amor" é abstração, talvez uma deusa ou ser estranho, embora jamais alguém tenha visto essa deusa. Na realidade, existe apenas o *ato de amar*. Amar é uma atividade criadora. Implica cuidado, conhecimento, ajuste, afirmação, gozo: a pessoa, a árvore, a pintura, a idéia. Significa trazer à vida, aumentar a vida. É um processo, autorenovador e autocrescente.

Quando o amor é vivido no modo ter, ele implica confinamento, aprisionamento ou controle do objeto que se "ama". É sufocante, debilitante, emperrante, mortificante, estéril. O que se *chama* amor é quase sempre um emprego equivocado da palavra, a fim de ocultar a realidade do desamor. O quanto os pais amam seus filhos é ainda uma questão inteiramente discutível. Lloyd de Mause demonstrou que nos dois mil anos passados da história ocidental houve relatos de crueldade contra crianças, desde a tortura física e mental até o descuido, possessividade cruel e sadismo, tão chocantes que se é levado a crer que o amor dos pais é exceção mais que regra.

O mesmo se pode dizer do casamento. Quando o casamento é baseado no amor ou, como nos casamentos tradicionais do passado, na conveniência social e costume, o casal que verdadeiramente ama parece exceção. O que é conveniência social, costume, interesse econômico mútuo, interesse compartilhado em filhos, dependência mútua ou ódio e medo mútuos, é conscientemente vivenciado como "amor" — até o momento em que um ou ambos os cônjuges reconhece ou reconhecem que não há amor entre eles, e que nunca houve. Pode-se notar hoje algum progresso nesse sentido: as pessoas tornaram-se mais realistas e sóbrias, e muitos já percebem que não é a atração sexual que significa amor, nem que um relacionamento amistoso seja manifestação de amor. Esse novo modo de ver leva a maior honestidade — assim como a mais freqüente mudança de cônjuges. Não significa que tenha levado a amor mais freqüente, e os novos cônjuges podem amar-se tão pouco quanto antes.

A mudança de "estar amando" para a ilusão de "ter" amor pode, não raro, ser observada em pormenores concretos na história de casais que "caíram de amor". (No meu livro *A Arte de Amar,** assinalei que a palavra "cair" na expressão "cair de amor" é uma contradição em si mesma. Uma vez que amar é uma atividade criativa, só se pode *estar* em amor ou *andar* no amor; não se pode "cair" no amor, porque cair denota passividade.)

Durante a corte, nenhuma pessoa está ainda certa quanto à outra, mas cada qual tenta conquistar. Ambos são vivos, atraentes, interessantes, sempre belos — tanto mais que a viveza sempre embeleza a face. Nenhum *tem* ainda o outro; daí a energia de cada um dirigir-se a *ser*, isto é, a dar e estimular o outro. Com o casamento, a situação freqüentemente muda de modo fundamental. O contrato de casamento dá a cada sócio a posse exclusiva do corpo, dos sentimentos e do cuidado. Ninguém mais tem que conquistar, porque o amor tornou-se alguma coisa que se *tem,* uma propriedade. Ambos deixam de se esforçar por ser amáveis e produzirem amor, daí tornarem-se entediados, e daí desaparecer a beleza. Ficam desapontados e perturbados. Já não serão mais as mesmas pessoas? Terão cometido um erro essencial? Cada qual em geral procura a causa da mudança no outro, e sente-se enganado. O que não vêem é que não mais são a mesma pessoa que quando se amavam um ao outro; que o erro de que se pode *ter* amor levou-os a deixar de amar. Agora, em vez de amar um ao outro, ajustam-se para possuir o que possuem juntos: dinheiro, posição social, casa, filhos. Desse modo, em certos casos, o casamento iniciado na base do amor converte-se numa propriedade amigável, uma empresa em que os dois egoísmos juntam-se num interesse: o da "família".

Quando um casal não pode vencer o anseio de renovação do antigo sentimento de amor, um ou outro do par pode ter a ilusão de que um novo sócio satisfará sua carência. Sentem que tudo o que querem é amar. Mas para eles o amor não é uma expressão do seu ser; é uma deusa a quem querem se submeter. Falham inevitavelmente no seu amor porque "o amor é filho da liberdade" (como o diz uma velha canção francesa), e o adorador da deusa do amor torna-se de fato tão passivo quanto entendiado e perde o que quer que tenha tido da antiga atratividade.

O que dissemos não pretende implicar que o casamento não possa ser a melhor solução para as pessoas que se amem. A dificuldade não reside no casamento, mas na estrutura possessiva exis-

* Publicado no Brasil por Zahar Editores. (N. do T.)

tencial de ambos os cônjuges e, em última análise, de sua sociedade. Os defensores das formas modernas, tais como de vida conjunta e casamento grupal, troca de cônjuges, sexo grupal, etc., tanto quanto percebo, tentam apenas evitar o problema de suas dificuldades em amar, mediante a cura do tédio com estímulos sempre novos e pela vontade de *ter* mais "amantes" do que ser capazes de amar mesmo que seja a um só. (Veja-se análise da distinção entre estímulos "ativadores" e "passivadores" no capítulo 10 do meu livro *Anatomia da Destrutividade Humana.*) *

* Publicado no Brasil por Zahar Editores. (N. do T.)

III

Ter e Ser no Velho e Novo Testamentos e nos Escritos de Mestre Eckhart

O Velho Testamento

Um dos principais temas do Velho Testamento é: deixa o que tens; liberta-te de todas as cadeias; *sê*!

A história das tribos hebréias começa com o mandamento ao primeiro herói hebreu, Abraão, para que abandone sua terra e seu clã: "Sai da tua terra, da tua parentela e da casa de teu pai, e vai para a terra que te mostrarei" (Gênesis, 12:1). Abraão tem que deixar o que tem — terra e família — e ir ao encontro do desconhecido. No entanto, seus descendentes se estabelecem em novo solo, e novo clã se desenvolve. Este processo leva à servidão mais severa. Precisamente porque se tornam ricos e poderosos no Egito, tornam-se escravos; perdem sua visão de um único Deus, o Deus de seus antepassados nômades, e adoram ídolos, os deuses dos ricos convertidos mais tarde em seus senhores.

O segundo herói é Moisés. Ele é encarregado por Deus de libertar seu povo, de retirá-lo da terra que se tornou o seu lar (muito embora, de fato, um lar para escravos), e seguir pelo deserto "comemorar". Relutantemente e com grande medo, os hebreus seguem seu líder Moisés — pelo deserto.

O deserto é o símbolo-chave nesta libertação. O deserto não é lar nenhum: não tem cidades; não tem riquezas; é o lugar dos nômades que têm o que necessitam, e o de que precisam é o essencial para a vida, e não posses. Historicamente, as tradições nômades estão interligadas no relato do Êxodo, e pode ser muito bem que essas tradições nômades tenham determinado a tendência contra a propriedade não funcional, e a escolha de vida no deserto como preparação para a vida de liberdade. Mas esses fatores históricos apenas fortalecem o significado do deserto como símbolo da vida sem grilhões, não objeto de propriedade. Alguns dos principais símbolos dos festejos judeus têm sua origem ligada ao deserto. O *pão ázimo* é o alimento daqueles que estão com pressa de fugir; é o pão dos errantes. O *suka* (tabernáculo) é o lar do andarilho: o equivalente da tenda, facilmente construível e facilmente desmontável. Como definida no Talmud, é a "habitação transitória" em que se viva, em vez da "habitação fixa" que se possui.

Os hebreus ansiavam pela carne do Egito; pela residência estável, pela comida singela porém segura; por ídolos visíveis. Temem a incerteza da vida errante no deserto. Dizem: "Quem nos dera tivéssemos morrido pela mão do Senhor na terra do Egito, quando estávamos sentados junto às panelas de carne e comíamos pão a fartar! pois nos trouxestes a este deserto, para matardes de fome a toda esta multidão" (Êxodo, 16:3). Deus, como em toda a história da libertação, reage à fragilidade moral do povo. Promete alimentá-los: de manhã com "pão", à tarde com codorna. Acrescenta duas importantes injunções: cada um deverá apanhar esses alimentos de acordo com suas necessidades: "Assim o fizeram os filhos de Israel; e colheram, uns mais, outros menos. Porém, medindo com o ômer, não sobejava ao que colhera muito, nem faltava ao que colhera pouco: pois colheram cada um quanto podia comer" (Êxodo, 16:17-18).

Pela primeira vez, um princípio é formulado aqui, que se tornou famoso através de Marx: a cada um segundo sua necessidade. Estava estabelecido o direito de alimentação sem exceção. No caso, Deus é a mãe nutridora que alimenta seus filhos, que nada têm que realizar para que se estabeleça seu direito de serem alimentados. A segunda norma é contra o entesouramento, avareza e possessividade. O povo de Israel era obrigado a nada poupar para o dia de amanhã. "Eles, porém, não deram ouvidos a Moisés, e alguns deixaram do maná para a manhã seguinte; porém deu bichos e cheiravam mal. E Moisés se indignou contra eles. Colhiam-no, pois, manhã após manhã, cada um quanto podia comer; porque, em vindo o calor, se derretia" (Êxodo, 16:20-21).

Relacionado com a colheita de alimento é introduzida a norma de reservar o sábado (*Shabbat*). Moisés recomenda aos hebreus que colham o dobro de alimento na sexta-feira: "Seis dias o colhereis, mas o sétimo dia é o sábado; nele não haverá" (Êxodo, 16:26).

O sábado é o mais importante dos conceitos bíblicos e mais tarde do judaísmo. Dos Dez Mandamentos, é o m[illegible] estritamente religioso: seu cumprimento é ressaltado até pelos profetas antiritualistas; foi o mandamento mais rigorosamente observado pelos dois mil anos da Diáspora, em que a obediência a ele foi, não raro, dura e difícil. É difícil duvidar que o sábado fosse a fonte de vida para os judeus, que, esparsos, inermes, e, muitas vezes desprezados e perseguidos, renovavam seu orgulho e dignidade quando como reis celebravam o seu *shabbat*. Será o sábado nada mais que um dia de descanso no sentido mundano de libertar as pessoas, pelo menos um dia na semana, do fardo do trabalho? Certamente que é, e essa função dá-lhe a dignidade de uma das grandes inovações na evolução humana. Contudo, se ele consistisse só nisso, o sábado dificilmente teria desempenhado o papel central que acabo de mencionar.

A fim de compreender este papel, devemos penetrar no núcleo da instituição sabática. Não se trata do repouso *per se*, no sentido de não fazer esforço, física ou mentalmente. Trata-se de repouso no sentido de restabelecer completa harmonia entre os seres humanos, e entre eles e a natureza. Nada deve ser destruído e nada deve ser construído: o sábado é dia de trégua na batalha do homem com o mundo. Nem mudança social deve haver. Até mesmo rasgar uma folha de capim é considerado quebra desta harmonia, como também um acender de fósforos. Por esta razão, também é proibido carregar qualquer coisa pela rua, mesmo que seja tão leve quanto um lenço, embora carregar um pesado fardo em sua horta seja permitido. A questão é que não é o esforço de carregar um fardo o que é ilícito, mas a transferência de qualquer objeto de um lugar que seja nosso para outro, porque essa transferência constituía, originariamente, uma transferência de propriedade. No sábado, vive-se como se não se *tivesse* nada, sem procurar qualquer objetivo exceto *ser*, isto é, manifestando os próprios poderes essenciais: orar, estudar, comer, beber, cantar, ter relações sexuais.

O sábado é dia de alegria porque naquele dia somos plenamente nós mesmos. Essa é a razão pela qual o Talmud chama o sábado de previsão da Era Messiânica, e a era messiânica é o sábado interminável: dia em que propriedade e dinheiro, assim como luto e tristeza, são tabu; dia em que o tempo é derrotado e o ser puro domina. O predecessor histórico, o *shapatu* babilônico, era dia de tristeza e medo. O domingo moderno é um dia de divertimento, consumo e fuga de si mesmo. Poder-se-ia indagar se não é tempo de restabelecer o sábado como dia universal de harmonia e paz, como o dia humano que prevê o futuro humano.

A visão da Era Messiânica é outra contribuição especificamente judaica à cultura mundial, e essencialmente idêntica à do sábado. Essa visão, como o sábado, era a esperança sustentadora de vida dos judeus, nunca abandonada, a despeito de graves desapontamentos com a vinda de falsos messias, como Bar Kochba no segundo século da nossa era. Como o sábado, era uma visão do período histórico em que a posse se terá tornado sem sentido, medo e guerra terão terminado e a manifestação de nossas energias essenciais ter-se-ão convertido em objetivo de vida.*

A história do Êxodo leva a um trágico fim. Os hebreus não podem suportar a vida sem *ter*. Embora possam viver sem habitação fixa, e sem alimentos, exceto quando enviado por Deus cada dia, não podem viver sem um "líder" vivo e presente.

Assim é que, quando Moisés desaparece no monte, os hebreus desesperados chamam Aarão para que lhes torne visível a manifestação de algo a que possam adorar: o Bezerro de Ouro. No caso, poder-se-ia dizer, pagam pelo erro de Deus ao ter permitido que obtivessem ouro e jóias do Egito. Com o ouro, carregavam consigo o anseio por riqueza; e quando chegou a hora do desespero, a estrutura possessiva de sua existência reafirmou-se. Aarão faz para eles um bezerro do ouro que possuem, e o povo diz: "São estes, ó Israel, os teus deuses, que te tiraram da terra do Egito" (Êxodo, 32:4).

Toda uma geração desapareceu e nem mesmo a Moisés foi permitido entrar na nova terra. Mas a nova geração era tão pouco capaz de ser livre, e de viver na terra sem estar acorrentada a ela, como fora a geração de seus pais. Conquistam nova terra, exterminam seus inimigos, fixam-se na terra e adoram seus ídolos. Transformam sua vida tribal democrática na vida despótica oriental — despotismo pequeno, é verdade, mas não menos ansioso em imitar as grandes potências da época. A revolução fracassou; sua única realização foi, se é que foi, que os hebreus eram agora senhores e não escravos. Podiam nem mesmo ser lembrados hoje, a não ser em nota de pé de página da história do Oriente Próximo, se a sua mensagem não tivesse encontrado acolhida mediante pensadores revolucionários e visionários que não foram maculados, como o fora Moisés, pelo cargo de liderança e especifica-

---

* Analisei o conceito de Era Messiânica em *Sereis como Deuses*. O sábado, também, é analisado naquele livro, assim como no capítulo sobre "O ritual do Sábado", em *A Linguagem Esquecida*. (Publicado no Brasil por Zahar Editores.)

mente pela necessidade de empregar poderes ditatoriais (por exemplo, a completa destruição dos rebeldes). *

Esses pensadores revolucionários, os profetas hebreus, renovaram a visão de liberdade humana — de serem desligados das coisas — e o protesto contra a sujeição a ídolos — o trabalho das próprias mãos do povo. Eles eram intransigentes e prediziam que o povo seria expulso da terra de novo se ficasse incestuosamente fixado a ela e incapaz de viver como um povo livre — isto é, incapaz de amá-la sem perder-se nela. Para os profetas, a expulsão da terra era uma tragédia, mas o único meio para a libertação final. O novo deserto devia durar não por uma, mas por muitas gerações. Mesmo enquanto predizendo o novo deserto, os profetas sustentavam a fé dos judeus, e de fato de toda a espécie humana, pela visão messiânica que prometia paz e abundância sem exigir a expulsão ou extermínio dos antigos habitantes da terra.

Os verdadeiros sucessores dos profetas hebreus foram os grandes eruditos, os rabinos, e nenhum mais claramente que o fundador da Diáspora: Rabi Jochanan ben Sakai. Quando os líderes da guerra contra os romanos (70 a.C.) decidiram que era melhor para todos morrer a serem derrotados e perderem seu estado, Rabi Sakai cometeu "traição". Ele secretamente deixou Jerusalém, entregou-se ao general romano, e pediu permissão para fundar uma universidade judaica. Era o início de uma rica tradição judaica e, ao mesmo tempo, da perda de tudo que os judeus tinham *tido*: seu Estado, seu templo, sua burocracia sacerdotal e militar, seus animais sacrificiais e seus rituais. Tudo isso se perdeu e eles foram deixados (como um grupo) com nada a não ser o ideal de ser: conhecer, aprender, pensar e esperar pelo Messias.

O Novo Testamento

O Novo Testamento continua o protesto do Velho Testamento contra a estrutura ter de existência. Seu protesto é até mais radical ainda que o havia sido o dos antigos judeus. O Velho Testamento não era produto de uma classe pobre e humilhada, mas surgiu de criadores de carneiros e camponeses independentes nômades. Um milênio mais tarde, os fariseus, os eruditos cujo produto literário foi o Talmud, representavam a classe média, abran-

* Êxodo, 32, 25:28 (N. do T.).

gendo desde alguns muito pobres até membros muito abastados. Ambos os grupos estavam imbuídos do espírito de justiça social, proteção dos pobres, e ajuda a todos os que fossem desamparados, tais como viúvas e minorias nacionais (*gerim*). Mas, no todo, eles não condenavam a riqueza como mal ou como incompatível com o princípio de ser. (Veja-se o livro sobre *Os Fariseus*, de Louis Finkelstein.)

Os primitivos cristãos, pelo contrário, eram sobretudo um grupo de pobres e desprezados socialmente, de humilhados e marginalizados, que — como alguns dos profetas do Velho Testamento — condenavam os ricos e poderosos, denunciando intransigentemente a riqueza e o poder secular sacerdotal como males implacáveis. (Cf. meu livro *O Dogma de Cristo.*) * Na verdade, como disse Max Weber, o Sermão da Montanha foi o manifesto de uma grande rebelião de escravos. O espírito dos primeiros cristãos era de plena solidariedade humana, às vezes expresso na idéia de uma partilha comunal espontânea de todos os bens materiais. (A. F. Utz analisa a primitiva propriedade comunal cristã e os primitivos exemplos gregos, talvez conhecidos de Lucas.)

Esse espírito revolucionário da primitiva cristandade aparece com especial clareza nas partes mais antigas dos evangelhos, tal como eram conhecidos das comunidades cristãs que ainda não se haviam separado do judaísmo. (Aquelas partes mais antigas dos evangelhos podem ser reconstituídas da fonte comum de Mateus e Lucas e são chamadas "Q" [*Q* do alemão *Quelle*, "fonte"] por especialistas na história do Novo Testamento. A obra fundamental neste domínio é de Siegried Schulz, que faz uma diferenciação entre uma tradição mais antiga e uma recente de "Q".)**

Nesses dizeres, verificamos que o postulado central é que o povo deve livrar-se de toda cobiça e ansiedade de posses e deve livrar-se inteiramente da estrutura do ter, e, inversamente, que todas as normas éticas positivas sejam enraizadas numa ética do ser, da comunhão e da solidariedade. Essa posição ética básica aplica-se tanto às nossas relações com outros como com as coisas. A renúncia radical dos próprios direitos (Mateus, 5:39-42; Lucas, 6:29) assim como o mandamento para amar o nosso inimigo (Mateus, 5:44-48; Lucas, 6:27, 32-36) acentuam, ainda mais radicalmente que o "ama a teu próximo" do Velho Testamento, o pleno interesse pelos seres humanos e completo abandono de todo egoísmo. A norma de nem mesmo julgar os outros (Mateus, 7:1-5;

* Publicado no Brasil por Zahar Editores. (N. do T.)

** Agradeço a Rainer Funk por toda a informação nesse assunto e pelas suas fecundas sugestões.

Lucas, 6:37, 41) constitui uma ampliação do princípio de que se esqueça o próprio ego e se seja inteiramente dedicado à compreensão e bem-estar de outrem.

Também com respeito a coisas, exige-se a total renúncia da estrutura ter. A comunidade mais antiga insistia na renúncia radical da propriedade; adverte contra a acumulação de riqueza: "Não acumuleis para vós outros tesouros sobre a terra, onde a traça e a ferrugem corróem e onde os ladrões escavam e roubam; mas ajuntai para vós outros tesouros no céu, onde traça nem ferrugem corrói, e onde ladrões não escavam nem roubam; porque onde está o teu tesouro aí estará também o teu coração" (Mateus, 6:19-21; Lucas, 12:33). É no mesmo espírito que Jesus diz: "Bem-aventurados vós os pobres, porque vosso é o reino de Deus" (Lucas, 6:20; Mateus, 5:3). Na verdade, a cristandade primitiva era uma comunidade de pobres e sofredores, plena da convicção apocalíptica de que chegara o tempo do desaparecimento final da ordem existente, de acordo com o plano de Deus de salvação.

O conceito apocalíptico do Julgamento Final era uma noção messiânica, corrente nos círculos judaicos da época. A salvação final e o julgamento deviam ser precedidos de um período de caos e destruição, um período tão terrível que encontramos os rabinos talmúdicos pedindo a Deus que os disperse vivos na época pré-messiânica. O novo no cristianismo era que Jesus e seus discípulos acreditavam que o tempo era *agora* (ou em futuro próximo), e que ele já havia começado com o aparecimento de Jesus.

Na verdade, é inevitável associar a situação dos primeiros cristãos com o que se passa no mundo hoje. Não pouca gente, cientistas mais que religiosos (com exceção das Testemunhas de Jeová), acredita que nos estamos aproximando da catástrofe final do mundo. Trata-se de uma visão racional e cientificamente sustentável. A situação dos cristãos primitivos era absolutamente diferente. Eles viviam numa pequena parte do Império Romano no apogeu de seu poder e glória. Não havia sinais alarmantes de catástrofe. Contudo, esse pequeno grupo de pobres judeus palestinos mantinha a convicção de que esse poderoso mundo em breve entraria em colapso. Realisticamente, com certeza, eles estavam equivocados; em conseqüência da falta do reaparecimento de Jesus, a morte e ressurreição de Jesus são interpretadas nos evangelhos como constituindo o início da nova eternidade, e depois de Constantino fez-se uma tentativa de passar o papel mediador de Jesus à igreja papal. Finalmente, para todos os fins práticos a Igreja tornou-se um sucedâneo — de fato, embora não em teoria — da nova eternidade.

Devemos tomar a cristandade primitiva mais seriamente do que a maioria das pessoas o faz, e fica-se impressionado pelo quase inacreditável radicalismo desse pequeno grupo de gente, que proclamava o veredito sobre o mundo existente com base em *nada, a não ser* sua convicção moral. A maioria dos judeus, por outro lado, não pertencendo exclusivamente à parte mais pobre e mais humilhada da população, preferiu outra via. Recusaram-se a crer que havia começado a nova era, e continuaram a esperar pelo Messias, que viria quando a humanidade (e não apenas os judeus) atingisse o ponto em que o reino da justiça, paz e amor pudesse ser estabelecido num sentido histórico em vez de escatológico.

A fonte "Q" mais nova tem sua origem num estágio posterior de desenvolvimento do cristianismo primitivo. Nesta, também, verificamos o mesmo princípio, e o relato da tentação de Jesus por Satanás, o exprime em forma muito sucinta. Nesta história, o desejo de ter coisas, a ânsia de poder e outras manifestações da estrutura ter são condenados. À primeira tentação — transformar pedras em pão, simbolicamente exprimindo a ânsia de coisas materiais — Jesus responde: "Não só de pão viverá o homem, mas de toda palavra que procede da boca de Deus" (Mateus, 4:4; Lucas, 4:4). Satanás tenta Jesus, então, com a promessa de dar-lhe poder total sobre a natureza (alterando a lei da gravidade), e finalmente, prometendo irrestrito poder, domínio sobre todos os reinos da terra, e Jesus recusa (Mateus, 4:5-10; Lucas, 4:5-12). (Rainer Funk chamou minha atenção para o fato de que a tentação se deu no deserto, retomando assim o tópico do Êxodo.)

Jesus e Satanás aparecem, no caso, como representantes de dois princípios opostos. Satanás é o representante do consumo material e do poder sobre a natureza e o homem. Jesus é o representante do ser, e da noção de que o não ter é a premissa para ser. O mundo tem seguido os princípios de Satanás, desde a época dos evangelhos. Contudo, mesmo a vitória desses princípios não pôde destruir a ânsia de realização do ser pleno, expresso por Jesus assim como por muitos outros grandes Mestres que viveram antes dele e depois dele.

O rigorismo ético de rejeição da orientação ter, em benefício da orientação ser, acha-se também nas ordens comunais judaicas, tais como os essenas e a ordem na qual se originaram os manuscritos do Mar Morto. Por toda a história da cristandade ele continua nas ordens religiosas baseadas no voto de pobreza e renúncia à propriedade.

Outra manifestação dos conceitos radicais do cristianismo primitivo encontra-se — em vários graus — nos escritos dos padres da Igreja, que nessas questões são também influenciados pelo pensamento filosófico grego na disputa entre propriedade privada e propriedade comunal. O escopo deste livro não nos permite alongar na análise pormenorizada desse ensino, e muito menos na bibliografia teológica e sociológica sobre o assunto.* Embora haja algumas diferenças de grau no radicalismo, e certa tendência a ponto de vista menos radical à medida que a Igreja se tornava uma instituição poderosa, é inegável que os pensadores da Igreja primitiva empreendiam aguda condenação do luxo, da avareza, e mostravam desprezo pela riqueza.

Escreve Justino, em meados do século II: "Nós que no passado gostávamos das riquezas [bens móveis] e posses [terra] acima de todas as coisas, agora fazemos aquilo que já temos em propriedade comum e as dividimos com os necessitados." Numa "Carta a Diogenetus" (também do século II), há um trecho interessante que lembra o Velho Testamento sobre o não ter casa: "Qualquer país estrangeiro é deles [dos cristãos] como terra natal e cada terra natal lhes é estranha." Tertuliano, no século III, considerava o comércio, qualquer que fosse, resultado da cupidez, e nega sua necessidade entre pessoas que sejam isentas de ambição. Declara que o comércio sempre traz consigo o perigo da idolatria. Considera a avareza a raiz de todos os males.**

Para Basílio, como para outros padres da Igreja, o propósito dos bens materiais é servir ao povo; esta questão lhe é característica: "quem toma a roupa de alguém é chamado ladrão; mas quem não veste o necessitado, embora podendo, merecerá outro nome? (Citado por Utz.) Basílio ressaltava a comunidade original de bens e foi compreendido por alguns autores como tendo tendências comunistas. Concluo esse breve resumo com Crisóstomo (século IV), e a sua advertência de que os bens supérfluos não devem ser produzidos nem consumidos. Diz ele: "Não digais: eu uso o que é meu. Usamos o que é estranho a nós; o uso indulgente, egoísta, torna o que é nosso um tanto estranho; isso é o que chamo bem estranho, porque o usamos com o coração

* Vejam-se as contribuições de A. F. Utz, O. Schilling, H. Schumacher e outros.

** Os trechos acima foram tomados a Otto Schilling; vejam-se também suas citações de K. Farner e T. Sommerlad.

endurecido e alegamos que é direito, que só vivemos do que é nosso."

Eu poderia prosseguir por muitas páginas citando as opiniões dos padres da Igreja de que a propriedade privada e o uso egoístico de qualquer posse são imorais. Contudo, mesmo as poucas citações anteriores indicam a continuidade da rejeição do modo ter como o encontramos nos tempos do Velho Testamento, passando pelo cristianismo primitivo e nos séculos posteriores. O próprio Tomaz de Aquino, em luta contra as seitas abertamente comunistas, conclui que a instituição da propriedade privada só se justifica na medida em que atenda aos propósitos de satisfazer o bem-estar de todos.

O budismo clássico acentua ainda mais fortemente que os Velho e Novo Testamentos a importância central de renúncia à ânsia de posses de qualquer espécie, inclusive do próprio ego, o conceito de substância durável e inclusive o anseio de autoperfeição. *

Mestre Eckhart (1260- aprox. 1327)

Eckhart definiu e analisou a diferença entre os modos ter e ser da existência com uma penetração e clareza não ultrapassada por qualquer professor. Tendo sido uma das figuras de escol da Ordem Dominicana na Alemanha, Eckhart foi um teólogo erudito e o maior representante bem como o mais profundo e radical pensador do misticismo alemão. Sua imensa influência irradiou de seus sermões alemães, que se exerceu não apenas sobre seus contemporâneos e discípulos, mas também sobre místicos alemães depois dele e, hoje, sobre aqueles que procuram verdadeira orientação para uma filosofia de vida não teística, racional, embora religiosa.

Minhas fontes para as citações de Eckhart são *Meister Eckhart, Die Deutschen Werke*, de Joseph L. Quint (mencionada neste texto como "Quint D. W."), seu *Meister Eckhart, Deutsche Predigten und Traktate* (mencionado como "Quint D. P. T."), e a tradução inglesa de Raymond B. Blakney, *Meister Eckhart* (mencionada como "Blakney"). Deve-se notar que, enquanto as edições Quint contêm apenas os trechos que ele considera com-

* Para uma compreensão penetrante do budismo, vejam-se os escritos de Nyanaponika Mahatera, sobretudo *The Heart of Buddhist Medidation* e *Pathways of Buddhist Thought: Essays from the Wheel.*

provadamente autênticas até agora, o texto Blakney (traduzido do alemão, edição Pfeiffer) inclui passagens cuja autenticidade Quint ainda não reconheceu. O próprio Quint, porém, observou que èsse reconhecimento de autenticidade é provisório, e que, com muita probabilidade, muitas outras obras atribuídas a Mestre Eckhart virão a ser autenticadas. Os números em grifo que aparecem com as indicações da fonte referem-se aos sermões de Eckhart tais como são identificados nas três fontes.

Conceito de Ter de Eckhart

A fonte clássica para as opiniões de Eckhart sobre o modo ter é seu sermão sobre a pobreza, baseado no texto de Mateus, 5:3: "Bem-aventurados os pobres de espírito, porque deles é o reino do céu". Nesse sermão, Eckhart discute a questão: "que é pobreza espiritual?" E começa por dizer que não fala de pobreza *externa*, uma pobreza de coisas, embora aquela espécie de pobreza seja boa e recomendável. Ele quer falar de pobreza *íntima*, a pobreza de que fala o versículo do evangelho, que ele define dizendo: "trata-se do homem pobre que nada *quer*, nada *sabe* e nada *tem*" (Blakney, 28; Quint D. W., 52; Quint D. P. T., 32).

Quem é a pessoa que nada *quer*? Um homem ou uma mulher que tenha optado por uma vida ascética, seria a nossa resposta normal. Mas não é este o significado de Eckhart, e ele censura aqueles que compreendem "nada querer" como prática de arrependimento e demonstração externa de religiosidade. Encara os que adotam esse conceito como os que se agarram ao seu próprio ego egoísta. "Essas pessoas parecem viver em santidade devido às aparências externas, mas por dentro são asnos, porque não apreendem o verdadeiro significado da verdade divina" (minha tradução do texto de Quint).

Porque Eckhart ocupa-se da espécie de "querer" que é fundamental no pensamento budista; isto é, avidez, ânsia por coisas e pelo próprio eu. Buda considera esse querer a causa do sofrimento humano, e não do prazer. Quando Eckhart prossegue falando de não ter vontade, não quer dizer com isso que se deva ser fraco. A vontade de que ele fala é idêntica à ânsia pelas posses, uma vontade que é *induzida a alguma coisa* e, portanto, não se trata verdadeiramente de uma vontade. Eckhart vai ao ponto de postular que não se deve querer a vontade de Deus — visto que esta, também, é uma forma de vontade ardente. *A pessoa que nada quer é aquela que não anseia por coisa alguma*: eis a essência do conceito de Eckhart de desprendimento.

Quem é que nada *sabe*? Acaso pretende com isso Eckhart que seja o ignorante obtuso, o desinstruído, a criatura sem educação? Como poderia ser, se o seu principal empenho era no sentido de educar os não educados e se ele mesmo era um homem de grande erudição e conhecimento, que jamais tentou ocultar ou diminuir?

O conceito de Eckhart de *nada saber* refere-se à diferença entre *ter* conhecimento e o *ato* de *conhecer*, isto é, de penetrar nas raízes e, portanto, ir às causas de uma coisa. Eckhart distingue muito bem entre um pensamento qualquer e o *processo de pensar*. Acentuando que é melhor conhecer que amar a Deus, escreve: "O amor tem a ver com desejo e propósito, ao passo que o conhecimento não é determinado pensamento, mas antes um desnudamento total [envoltórios], é desinteressado e corre nu para Deus, até que o toca e o apreende" (Blakney, Fragmento 27; não autenticado por Quint).

Mas em outro nível (e Eckhart fala sempre em vários níveis), vai muito além. Escreve ele:

> "De novo, é pobre quem nada sabe. Dissemos, algumas vezes, que o homem deve viver como se não vivesse, nem para si mesmo, nem para a verdade, nem para Deus. Mas a esta altura, diremos algo mais e mais além. O homem que quiser conseguir essa pobreza viverá como quem nem mesmo sabe que vive, nem para si mesmo, nem pela verdade, nem para Deus. Mais ainda: deve estar raso e vazio de todo conhecimento, de modo que nenhum conhecimento de Deus exista nele; porque quando a existência do homem é da espécie externa de Deus, não existe qualquer outra vida nele: sua vida é ele mesmo. Portanto, dizemos que deve-se estar vazio de seu próprio conhecimento, como se não existisse, e que Deus consiga a sua vontade e o homem seja livre (Blakney, 28; Quint D. W., 52; Quint D. P. T., 32; uma pequena parte é tradução minha do texto alemão de Quint). *

Para compreender a posição de Eckhart, é necessário apreender o verdadeiro significado dessas palavras. Quando ele diz que "um homem deve estar vazio de seu próprio conhecimento", não significa que devemos esquecer *o que* sabemos, mas devemos esquecer *que* sabemos. Isso quer dizer que não devemos encarar nosso conhecimento como uma posse, na qual achamos segurança e que nos dá um senso de identidade; não devemos estar "preen-

* Blakney emprega a maiúscula "D" quando Eckhart se refere à divindade e "d" minúsculo quando Eckhart se refere ao deus bíblico da criação.

chidos" de nosso conhecimento, ou valermo-nos dele, ou ansiar por ele. O conhecimento não deve assumir o atributo de um dogma, que nos escraviza. Tudo isso pertence ao modo ter. No modo ser, o conhecimento nada mais é que a penetrante atividade do pensamento — sem jamais tornar-se um convite para apaziguar, para achar certeza. Eckhart continua:

> "Que significa que um homem deva nada *ter*?
> Ora, prestai séria atenção a isto: já disse freqüentes vezes, e grandes autoridades estão de acordo em que, para ser uma habitação adequada de Deus e prestar-se a que Deus atue, um homem deve também estar isento de todas [as suas próprias] coisas e [suas próprias] ações, tanto interna como externamente. Agora diremos algo mais. Se for o caso de que um homem esteja vazio de coisas, criaturas, dele mesmo e Deus, e se ainda Deus puder encontrar um lugar nele para agir, então dizemos: na medida em que [o lugar] exista, esse homem não é pobre da mais íntima pobreza. Porque Deus não pretende que o homem deva ter um lugar reservado para que Deus atue, visto que a verdadeira pobreza de espírito exige que o homem deva estar vazio de Deus e de todas as suas obras, de modo que se Deus quiser agir na alma, ele mesmo deve ser o lugar em que atue — e o que gostasse de fazer... Assim, dizemos que um homem deve ser tão pobre que não seja e não tenha um lugar para Deus agir nele. Reservar seria manter distinções. *Portanto, rogo a Deus que possa me livrar de deus*" (Blakney, p. 230-231).

Eckhart não poderia ter expresso de modo mais radical o seu conceito de não ter. Em primeiro lugar, devemos estar livres de nossas próprias coisas e de nossas ações. Isso não significa que não devemos ter posses ou que nada façamos; significa que não devemos estar apegados, atados, encadeados ao que possuímos, ao que temos, e nem mesmo a Deus.

Eckhart trata do problema do ter em outro nível, quando analisa a relação entre posse e liberdade. A liberdade humana está restringida na medida em que estamos ligados à posse, obras, e, finalmente, aos nossos próprios eus. Por estarmos ligados aos nossos egos (Quint traduz o original em alemão medieval *Eigenschaft* como *Ich-binding* ou *Ichsucht*, "apego ao eu" ou "egomania"), estamos no meio do nosso próprio caminho e impedidos de frutificar, de nos realizarmos plenamente (Quint D.P.T., Introdução, p. 29). A meu ver, D. Mieth está com toda a razão quando afirma que a liberdade como uma condição de verdadeira criatividade nada mais é que abandonarmos o próprio ego, como o amor no sentido pauliniano é isento de todo apego ao eu.

A liberdade no sentido de estar desacorrentado, livre de ansiar por agarrar-se a coisas e ao próprio eu, é a condição para o amor e para o ser criativo. Nosso alvo humano, de acordo com Eckhart, é nos livrarmos das peias do apego ao eu, egocentricidade, isto é, do *modo ter* de existência, a fim de chegarmos ao pleno ser. Não encontrei outro autor cujos pensamentos sobre a natureza do modo ter em Eckhart sejam tão semelhantes aos meus como os expressos por Mieth (1971). Ele fala da *Besitzstruktur des Menschen* ("a estrutura da propriedade das pessoas") na mesma forma, tanto quanto percebo, de que falo do "modo ter", ou da "estrutura ter da existência". Ele se refere ao conceito marxista de "expropriação" ao falar do desmantelamento da nossa própria estrutura íntima de propriedade, acrescentando que ela é a mais radical forma de expropriação.

No modo ter de existência, o que importa não são os vários *objetos* do ter, mas toda a nossa atitude humana. Toda e qualquer coisa pode ser objeto de ansiosa procura: coisas que utilizamos na vida cotidiana, propriedade, rituais, boas ações, conhecimento e pensamentos. Embora não sejam em si mesmos "maus", eles tornam-se mais; isto é, quando nos agarramos a eles, quando eles se tornam cadeias que interferem na nossa liberdade, quando se tornam obstáculo à nossa auto-realização.

Conceito de Ser de Eckhart

Eckhart emprega *ser* de dois modos diferentes, embora relacionados. Num sentido mais estrito e psicológico, *ser* denota as *reais* e não raro inconscientes motivações que impelem os seres humanos, em contraste com feitos e opiniões como tais e distintas da pessoa que age e pensa. Com justeza, Quint considera Eckhart um extraordinário analista da alma (*genialer Seelenanalytiker*): "Eckhart nunca se cansa de revelar os mais secretos laços do comportamento humano, o mais escondido movimento de egoísmo, de intenções e opiniões, de denunciar a busca ardorosa de recompensa e prêmios" (Quint D.P.T., Introdução, p. 29; minha tradução). Esse enfoque dos motivos ocultos torna Eckhart mais atraente ao leitor pós-freudiano, que superou a ingenuidade das opiniões pré-freudianas e comportamentistas, que alegam ser o comportamento e a opinião os dados finais que podem ser tão pouco subdivididos quanto se supunha serem os átomos no início deste século. Eckhart exprime esse ponto de vista em numerosos enunciados, dos quais o seguinte é característico: "Não devemos considerar tanto o que temos que fazer quanto o que *somos*. . .

Assim, cuidemos que nossa ênfase seja posta em *ser* bons, e não no número ou espécie de coisas a serem feitas. Acentuemos antes os fundamentos em que repousam nossa obra." Nosso ser é a realidade, o espírito que nos move, o caráter que impele nossa conduta; em contraste, os feitos ou opiniões que estão separados de nosso núcleo dinâmico não têm realidade alguma.

O segundo significado é mais amplo e mais fundamental: ser é vida, atividade, nascimento, renovação, jorro, fluidez, criatividade. Neste sentido, ser é o oposto de ter, do apego ao eu e ao egoísmo. Ser, para Eckhart, significa estar atuante, no sentido clássico da manifestação criativa dos poderes humanos de cada um, não no sentido moderno de estar ocupado. Atividade, para ele, significa "sair de si mesmo" (Quint D.P.T., *6*; tradução minha), que ele exprime em muitas imagens verbais: ele chama ser um processo de "ferver", "dar à luz", algo que "flui e flui em si mesmo e além de si" (E. Benz e outros, citado em Quint D. P. T., p. 35; tradução minha). Às vezes ele emprega o símbolo da corrida a fim de indicar o caráter ativo: "Correi para a paz! O homem que está correndo, no estado de contínua corrida para a paz é um homem celeste. Ele continuamente corre e se move e procura paz no correr" (Quint D. P. T., *8*; tradução minha). Outra definição de atividade é: o homem ativo, vivo, é como um "vaso que aumenta à medida que se enche e que nunca está cheio" (Blakney, p. 233; não autenticado por Quint).

Desfazer o modo ter é condição para toda atividade autêntica. No sistema ético de Eckhart, a virtude suprema é o estado de íntima atividade criativa, para o que a premissa é a superação de todas as formas de apego ao eu e ânsia de posse.

Segunda Parte

ANÁLISE DAS DIFERENÇAS FUNDAMENTAIS ENTRE OS DOIS MODOS DE EXISTÊNCIA

IV

Que É o Modo Ter?

A Sociedade Aquisitiva — Base para o Modo Ter

Nossos julgamentos são extremamente tendenciosos, porque vivemos numa sociedade que repousa na propriedade privada, no lucro e no poder, como pilares de sua existência. Adquirir, possuir e obter lucro são os direitos sagrados e inalienáveis do indivíduo na sociedade industrial.* O que sejam as fontes da propriedade não importa; nem a posse impõe obrigações aos proprietários. O princípio é: "Onde e como adquiri minha propriedade, e o que faço com ela só a mim interessa, e a mais ninguém; desde que eu não viole a lei, meu direito é irrestrito e absoluto."

Esse tipo de propriedade pode ser chamado propriedade *privada* (do latim, *privare*, "destituir de"), porque a pessoa ou pessoas que a possuem são seus exclusivos senhores, com pleno poder para privar outros de seu uso ou desfrute. Embora se admita que a propriedade privada seja uma categoria natural e universal, é muito mais uma exceção que regra se considerarmos toda a história humana (inclusive a pré-história), e sobretudo as culturas fora da Europa, em que a economia não era o principal objetivo da vida. Além da propriedade privada, há: a propriedade *auto-*

---

* A obra de R. H. Tawney, de 1920, *A Sociedade Aquisitiva*, não foi ainda superada em sua compreensão do capitalismo moderno e quanto às opções para uma mudança social e humana. As contribuições de Max Weber, Brentano, Schapiro, Pascal, Sombart e Kraus contêm enfoques fundamentais para compreender-se a influência da sociedade industrial sobre os seres humanos.

criada, que resulta exclusivamente do trabalho; a propriedade restrita, que é *restrita* pela obrigação de ajudar outros semelhantes; a propriedade *funcional* ou *pessoal*, que consiste de instrumentos de trabalho ou objetos de desfrute; a propriedade *comum*, que um grupo partilha no espírito de obrigação comum, como os *kibbutz* israelenses.

As normas pelas quais a sociedade funciona também moldam o caráter dos seus membros (caráter social). Numa sociedade industrial, esses caracteres são: desejo de adquirir propriedade; mantê-la; aumentá-la, isto é, obter lucro. Os que possuem propriedade são admirados e invejados como seres superiores. Mas a vasta maioria de pessoas não possui propriedade alguma no sentido real de capital e bens de capital. Surge então a questão: como pode esse povo satisfazer, ou mesmo contornar sua paixão pela aquisição e manutenção de propriedade, ou como podem sentir-se como proprietários se não têm propriedade de que falar?

Evidentemente, a resposta óbvia é que mesmo as pessoas que sejam pobres de propriedade possuem alguma coisa — e acariciam suas poucas posses tanto quanto os proprietários de capital amam sua propriedade. E como os grandes proprietários, os pobres estão obcecados pelo desejo de manter o que têm e aumentá-lo, mesmo que seja em um mínimo (por exemplo, poupando um centavo aqui, um centavo ali).

Talvez o maior prazer não consista tanto em possuir coisas materiais, mas seres vivos. Numa sociedade patriarcal, mesmo o mais ínfimo dos homens, na mais pobre das classes, pode ser proprietário — em seu relacionamento com a mulher, filhos, animais, sobre os quais pode sentir-se senhor absoluto. Pelo menos para o homem numa sociedade patriarcal, ter muitos filhos é o único meio de possuir pessoas sem precisar trabalhar para obter propriedade e sem investimento de capital. Considerando que toda a carga do cuidado dos filhos recai sobre a mulher, dificilmente se poderá negar que a produção de filhos numa sociedade patriarcal é questão de dura exploração da mulher. Mas as mães, por sua vez, têm sua forma de propriedade, isto é, a dos filhos quando eles são pequenos. O círculo é interminável e vicioso: o marido explora a mulher, ela explora as crianças, os adolescentes masculinos logo se juntam aos mais velhos na exploração das mulheres, e assim por diante.

A hegemonia masculina numa ordem patriarcal durou cerca de seis ou sete mil anos e ainda prevalece nos países mais pobres ou entre as classes mais pobres da sociedade. Está, porém, lentamente diminuindo nos países e sociedades mais prósperos, com a emancipação das mulheres, dos filhos e dos adolescentes, na medida em que se eleva o padrão de vida. Com o lento colapso do antigo tipo patriarcal de propriedade de pessoas, onde encontrará o cidadão mediano e o mais pobre, das sociedades industriais plenamente desenvolvidas, a satisfação para a paixão de adquirir, conservar e aumentar a propriedade? Certamente, será na extensão da área de propriedade de modo a abranger amigos, amantes, saúde, viagens, objetos de arte, Deus, e o próprio eu. Uma descrição eloqüente da obsessão burguesa pela propriedade é feita por Max Stirner. As pessoas são transformadas em coisas; suas relações umas para com outras assumem o caráter de propriedade. O "individualismo", que em seu sentido positivo significa libertação das cadeias sociais, significa, no sentido negativo, "autopropriedade", o direito — e o dever — de investir a própria energia no sucesso da própria pessoa.

O nosso eu é o mais importante objeto do nosso sentimento de propriedade, porque ele compreende muitas coisas: nosso corpo, nosso nome, nossa posição social, nossos bens (inclusive nosso conhecimento), a imagem que temos de nós mesmos e a imagem que queremos que outros tenham de nós. Nosso eu é um misto de qualidades concretas, tais como conhecimento e capacitações, e de certas qualidades fictícias que construímos em torno do núcleo de realidade. Mas a questão essencial não é tanto o que seja o conteúdo do eu, senão que o eu seja sentido como uma coisa que cada um possui, e que esta "coisa" seja a base de nosso sentido de identidade.

Esta análise da propriedade deve tomar em consideração que uma importante forma de apego à propriedade, surgida no século XIX, vem diminuindo desde o fim da I Guerra Mundial, e já é pouco evidente hoje. Antigamente, tudo o que se possuía era prezado, cuidado, e utilizado nos estritos limites de sua utilidade. Comprar para preservar. E era próprio do século dizer: "O antigo é belo!" Hoje, acentua-se o consumo, a não-manutenção, e comprar tornou-se esbanjamento. Seja o objeto da compra um automóvel, uma roupa, um aparelho, após certo tempo de uso as pessoas se desfazem dele na ânsia de jogar fora o "velho" e adquirir o último modelo. Aquisição leva à posse e ao uso transitórios, daí a jogar fora (ou, se possível, troca vantajosa por um modelo melhor) e daí nova aquisição, etc., constituindo um círculo vicioso do comprador-consumidor, justificando o dizer-se que "o novo é belo!"

Talvez o exemplo mais contundente do fenômeno seja o caso do automóvel. Nossa era merece ser batizada com o nome de "era do automóvel", visto que toda a nossa economia foi construída à base da produção de automóveis, e toda a nossa vida é grandemente determinada pela alta e queda do mercado consusumidor de automóveis.

Para quem possui um, o carro assemelha-se a uma necessidade vital; para os que ainda não possuem, sobretudo as pessoas nos chamados Estados socialistas, o automóvel é um símbolo de gozo. Aparentemente, contudo, o carinho pelo próprio carro não é profundo e aconchegante, mas um caso de amor de curta duração, já que os proprietários de carro os trocam freqüentemente; depois de dois anos, e até mesmo um, o proprietário se cansa do "carro velho" e sai à procura de um "bom negócio" num novo veículo. Da procura à compra, toda a transação parece um jogo em que até a trapaça é às vezes elemento fundamental, e o "bom negócio" é desfrutado tanto quanto, se não mais ainda, como o grande prêmio da loteria: o carro de último tipo na garage.

Vários fatores devem ser tomados em consideração para solucionar o enigma da aparente contradição entre o relacionamento do possuidor com seus automóveis e o interesse tão curto neles. Primeiro, há o elemento de despersonalização no relacionamento do proprietário com o carro; o carro não é um objeto concreto de que seu possuidor goste, mas um símbolo de *status*, uma extensão do poder — um construtor do ego; tendo adquirido um automóvel, o proprietário, na realidade, adquiriu uma nova parcela do ego. Um segundo fator é que, ao comprar um novo carro de dois em dois anos, em vez de, digamos, de seis em seis, aumenta a emoção da aquisição; o ato de tomar posse de um novo carro é uma espécie de defloração; aumenta o sentido de autocontrole, e quanto mais freqüentemente acontece, mais emocionado se fica. O terceiro fator é que a compra freqüente de um carro significa freqüente oportunidade de "fazer um negócio" — ter um lucro na troca — satisfação profundamente enraizada nos homens e mulheres de hoje. O quarto fator é de grande importância: a necessidade de experimentar novos estímulos, porque os antigos já são fracos e monótonos depois de curto tempo. Numa análise anterior dos estímulos, em meu livro *Anatomia da Destrutividade Humana*, distingui entre estímulos "ativantes" e "apassivantes" e sugeri a seguinte formulação: "Quanto mais um estímulo for 'apassivante', mais freqüentemente deverá ser mudada a intensidade e/ou a espécie; quanto mais 'ativante' for, por mais tempo reterá sua qualidade estimulante e menos necessária sua mudança de intensidade e conteúdo." O quinto e mais importante fator reside na mudança no caráter social ocorrido durante os passados cento e cinqüenta anos, isto é, desde a "acumulação" ao caráter "mercantilista". Embora a mudança não desfaça a orientação ter, modifica-a consideravelmente. (Esta evolução do caráter mercantilista é analisada no capítulo VII.)

O sentimento de propriedade se exibe também em outros relacionamentos, como, por exemplo, em relação a médicos, dentistas, advogados, patrões, trabalhadores. É costume dizer-se "meu médico", "meu dentista", "meus trabalhadores", etc. Mas, à parte a atitude de propriedade com seres humanos, o sentimento de propriedade se estende a um sem-número de objetos. É o caso de saúde e doença, por exemplo. Fala-se nelas com um sentimento de propriedade, referindo-se à minha doença, à minha operação, ao meu tratamento, minha dieta, meus remédios. Saúde e doença são sentidos como coisas possuídas. E a relação de propriedade para com a má saúde assemelha-se à do acionista cujos títulos caíram no mercado.

Idéias, crenças e hábitos também caem sob o sentimento de propriedade. Pessoas que fazem a primeira refeição todos os dias e às mesmas horas, dela constando os mesmos alimentos, sentem-se indispostas à mais mínima mudança de rotina, porque o hábito se tornou como que uma propriedade cuja perda põe em risco sua segurança.

O quadro da universalidade do modo ter de existência pode chocar alguns leitores como negativista em excesso, e um tanto unilateral. Na verdade é assim. Foi minha intenção, primeiro, retratar essa atitude socialmente vigente do modo mais claro possível. Mas existe outro elemento que pode entrar neste quadro como uma compensação. Refiro-me ao modo de agir da jovem geração, discrepante da restante grande maioria. Entre esses jovens encontramos padrões de consumo que não constituem formas ocultas de aquisição e posse, mas expressões de verdadeira alegria ao fazerem o que lhes agrada sem esperar nada de "durável" em troca. Esses jovens percorrem longas distâncias, muitas vezes enfrentando dificuldades, para ouvir a música que apreciam, para conhecerem um lugar novo, para encontrar pessoas que desejam ver. Não é o lugar aqui para discutir se têm valor os seus objetivos. Seja como for, mesmo que isso não seja feito com seriedade, preparo, concentração, o fato é que esses jovens querem *ser*, e não estão interessados em recompensa ou em qualquer coisa que possam guardar. Parecem mais sinceros que a velha geração, embora, não raro, ingênuos filosófica e politicamente. Eles não estão preocupados em burilar seus eus para se tornarem "artigos" atraentes no mercado; não cuidam de proteger sua imagem pela mentira sistemática, nem mesmo se ocupam de saber qual seja ela; não desperdiçam energia reprimindo a verdade, como o faz a maioria. E freqüentemente impressionam os mais velhos por sua honestidade — porque, no fundo, os mais velhos admiram as pessoas que podem ver ou dizer a verdade. Entre eles encontram-se grupos com tendências políticas e religiosas de todos os matizes, mas também muitos sem aquela preocupação de demonstrar que estejam "procurando" determinada ideologia ou doutrina. Embora possam não se ter encontrado, ou a um objetivo que lhes sirva de orientação na vida prática, estão à procura de si mesmos em vez de se ocuparem em ter e consumir.

Contudo, o elemento positivo do quadro requer algumas reservas. Muitos desses mesmos jovens (e seu número tem decrescido acentuadamente desde a década de sessenta) não têm progredido da liberdade *de* para a liberdade *a*; eles simplesmente se têm rebelado, sem tentar a procura de uma meta no sentido da qual se movam, a não ser aquele objetivo de liberdade sem restrições e dependência. Seu lema é como o dos pais burgueses: "O novo é belo!", e eles revelam um desinteresse quase fóbico pela tradição, inclusive pelas grandes idéias que os melhores espíritos produziram. Numa espécie de narcisismo ingênuo, acreditam que podem descobrir por si mesmos tudo o que é digno de ser descoberto. Basicamente, seu ideal era o de tornar-se crianças de novo, e autores como Marcuse ofereceram a ideologia conveniente para esse retorno à infância, isto é, um não desenvolvimento até à maturidade, como meta derradeira do socialismo e da revolução. Eram felizes na medida em que suficientemente jovens para que durasse essa euforia; mas muitos deles sofreram graves desapontamentos nessa época, em terem adquirido convicções bem fundadas e sem um centro de apoio em si mesmos. Quase sempre terminam como pessoas decepcionadas, apáticas, ou como infelizes fanáticos da destruição.

Porém, nem todos os que começaram com grandes esperanças terminaram na desilusão. Mas infelizmente é impossível saber quantos deles. A meu ver, não existem estatísticas ou estimativas fidedignas, e mesmo que houvesse, seria praticamente impossível estar certo de como qualificar essas pessoas. Hoje, milhões de pessoas, nos Estados Unidos e na Europa, tentam entrar em contato com a tradição e procuram mestres que lhes possam mostrar o caminho. Mas em grande parte, as doutrinas e professores são fraudulentos, ou viciados pelo espírito da loquacidade das relações públicas, ou vêm de mistura com interesses de prestígio ou dinheiro dos respectivos gurus. Algumas pessoas podem, de fato, beneficiar-se de tais métodos, não obstante a impostura; outros irão aplicá-los sem intenção séria de mudança íntima. Mas só uma análise quantitativa e qualitativa cuidadosamente feita dos novos crentes poderia mostrar quantos pertencem a cada grupo.

Minha estimativa pessoal é que os jovens e uns poucos velhos que estão seriamente interessados na mudança do modo ter de existência para o modo ser já não são um pequeno número disperso. Acho que um número bastante grande de indivíduos e grupos move-se no sentido de ser, e que isto representa uma nova tendência a superar o modo ter da maioria, o que me parece de significação histórica. Não será a primeira vez na história que uma minoria indica o curso que o desenvolvimento histórico deve assumir. A existência dessa minoria dá esperança da mudança geral de atitude do modo ter ao modo ser. Esta esperança é tanto mais real quanto alguns dos fatores que a possibilitam são irreversíveis no processo histórico, apontando evidentemente no sentido dessas mudanças de atitude: o colapso da hegemonia patriarcal sobre as mulheres e a dominação dos jovens pelos pais. Embora a revolução política do século XX, a revolução russa, tenha fracassado (é ainda muito cedo para julgar o resultado final da revolução chinesa), as revoluções vitoriosas de nosso século, embora ainda estejam nas primeiras fases, são as das mulheres, dos filhos e a sexual. Seus princípios já têm sido aceitos pela consciência de muitos indivíduos, e a cada dia as velhas ideologias se tornam mais e mais ridículas.

A Natureza do Ter

A natureza do modo ter de existência decorre da natureza da propriedade privada. Nesse modo de existência, tudo o que importa é minha aquisição de propriedade e meu irrestrito direito de manter o adquirido. O modo ter exclui todos os demais; ele não exige qualquer esforço a mais de minha parte para manter minha propriedade ou para fazer uso produtivo dela. Buda definiu esse modo de conduta como a ânsia de posse, os judeus e os cristãos o definiram como cobiça; ele transforma tudo e todos em algo inerte e sujeito ao poder de alguém.

A oração "eu tenho algo" exprime a relação entre o sujeito *Eu* (ou ele, nós, você, eles) e o objeto. Implica que o sujeito é permanente e que o objeto é permanente. Mas haverá permanência no sujeito? Ou no objeto? Sei que um dia morrerei; posso perder a posição social que me garante a posse de alguma coisa.

O objeto também é transitório: pode ser destruído, pode perder-se, pode depreciar-se. Falar da posse de alguma coisa permanentemente é confiar na ilusão de uma substância permanente e indestrutível. Se tenho a impressão de ter tudo, na realidade nada tenho, visto que ter, possuir, controlar um objeto, não passa de um momento efêmero no processo da vida.

Em última análise, a declaração "*E* (sujeito) tenho *O* (objeto)" exprime uma definição de *E* mediante minha posse de *O*. O sujeito não sou eu mesmo, mas *eu sou o que tem*. Minha propriedade constitui meu eu e minha identidade. A noção subjacente em "Eu sou eu" é "*Eu sou eu porque eu tenho X*" — *X* sendo igual a todos os objetos naturais ou pessoas com quem me relaciono mediante minha capacidade de controlá-los e torná-los permanentemente meus.

No modo ter, não há relação viva entre mim e o que tenho. A coisa e eu convertemo-nos em coisas, e eu a tenho porque tenho o poder de fazê-la minha. Mas há também uma relação inversa: *ela tem a mim*, porque meu sentido de identidade, isto é, de lucidez, repousa em meu possuí-la (e tantas coisas quantas possível). O modo ter de existência não se estabelece por um processo vivo e criativo entre o sujeito e o objeto; ele transforma em *coisas* tanto o sujeito como o objeto. A relação é de inércia, e não de vida.

Ter — Força — Rebelião

A tendência a evoluir em termos da própria natureza é comum a todos os seres vivos. Daí resistirmos a qualquer tentativa de impedir nosso desenvolvimento nos modos determinados por nossa própria estrutura. A fim de romper essa resistência, consciente ou não, é necessário força física ou mental. Os objetos inanimados resistem ao controle de sua constituição física em vários graus mediante a energia inerente a suas estruturas atômicas e moleculares. Mas não lutam contra o serem utilizados. O emprego da força heterônoma nos seres vivos (isto é, a força que tende a nos dirigir a sentidos contrários à nossa estrutura e que é prejudicial à nossa evolução) suscita resistência. Essa resistência assume todas as formas, desde as abertas, eficazes, imediatas e ativas às diretrizes, potenciais e, muitas vezes, inconscientes.

O que é restringido é a manifestação livre e espontânea da vontade da criança, do menino, do adolescente e também do adulto, sua sede de conhecimento e verdade, seu desejo de afeto. A pessoa em evolução é forçada a renunciar à maioria de seus desejos e interesses autônomos e autênticos, e a adotar uma vontade, os desejos e sentimentos que não são autônomos, mas superimpostos pelos padrões sociais de idéias e sentimentos. A sociedade, e a família como seu agente psicossocial, têm que solucionar um grave problema: *como quebrar a vontade de uma pessoa sem que ela se dê conta disso*? Contudo, por um complicado processo de doutrinação, recompensas, punições e maleável ideologia, ela cumpre sua tarefa em geral tão bem que a maioria das pessoas crê estar exercendo a própria vontade, sem se dar conta de que sua vontade é condicionada e manipulada.

A maior dificuldade é a supressão da vontade quanto à sexualidade, porque se trata, no caso, de uma forte tendência de ordem natural, muito menos fácil de manipular que outros desejos. Por essa razão, a sociedade reprime mais o desejo sexual que qualquer outro impulso humano. A esta altura, é desnecessário citar as várias formas de aviltamento do sexo com base em preceitos morais (sua perversidade) ou em preceitos de saúde (como a de que a masturbação causa dano físico). A Igreja proíbe o controle da natalidade, não, realmente, em razão de sua preocupação com o sagrado direito à vida (uma preocupação que levaria à condenação da pena de morte e da guerra), mas para denegrir o sexo, exceto quando utilizado para fins de procriação.

O empenho feito para suprimir a sexualidade seria difícil de compreender se fosse pelo bem do sexo propriamente dito. Mas não se trata do sexo, senão a sujeição da vontade humana, a razão para aviltar o sexo. Grande número das sociedades chamadas primitivas não têm qualquer tabu sexual. Uma vez que elas não vivem de exploração e dominação, não é preciso sujeitar a vontade individual. Podem passar sem estigmatizar o sexo e conseqüentemente desfrutar o prazer das relações sexuais sem sentimentos de culpa. O mais notável nessas comunidades é que a liberdade sexual não leva à cobiça sexual; que após um período de passageiras relações sexuais os casais de novo se encontram; que não demonstram desejo de trocar de parceiros, mas são também livres de se separarem quando o amor acaba. Para esses grupos em que não domina a tendência à propriedade, o prazer sexual é uma expressão do ser, e não resultado da propriedade sexual. Ao dizer isso, não quero dar a entender que preconizo um retorno ao modo de vida dessas comunidades — não que pudéssemos, mesmo que desejássemos, pela simples razão que o processo de individuação e diferenciação individual e distância que a civilização ensejou dá ao amor individual uma qualidade diferente do que é na comunidade primitiva. Não podemos retornar; só podemos ir para frente. O que importa é que as novas formas de desinteresse pela propriedade acabarão com a avidez sexual que é característica de todas as sociedades em que domina o modo ter.

O desejo sexual é uma expressão de independência que se exprime muito cedo na vida, como no caso da masturbação. Sua condenação serve para quebrar a vontade da criança e fazê-la sentir-se culpada e mais submissa. Em grande grau, o impulso a quebrar os tabus sexuais é fundamentalmente uma tentativa de rebelião com vistas a restaurar a liberdade. Mas a quebra dos tabus sexuais dessa maneira não leva a liberdade maior; a rebelião fracassa, por assim dizer, na satisfação sexual... e na culpa subseqüente da pessoa. Só a conquista de independência íntima conduz à liberdade e acaba a necessidade de rebelião inútil. O mesmo se pode dizer quanto a qualquer outra conduta que tenha por fim fazer o que é proibido como tentativa de restaurar a liberdade. *Na verdade, os tabus criam a obsessão sexual e as perversões, mas as obsessões e perversões sexuais não criam liberdade.*

A rebelião da criança manifesta-se de muitos outros modos: ao não aceitar os hábitos de higiene; recusando-se a comer; comendo em excesso; por agressão e sadismo, e por muitos tipos de atos autodestrutivos. Muitas vezes a rebelião se manifesta na forma geral da "operação tartaruga" — um desinteresse pelo mundo, preguiça, passividade, até as formas graves de insanidade no lento processo de autodestruição. Os efeitos dessa poderosa luta entre os filhos e pais é o tema de um ensaio de David E. Schecter sobre a "Evolução da Criança". Tudo indica que a *interferência heterônoma nos processos de desenvolvimento da criança e na subseqüente pessoa seja a raiz mais profunda da patologia mental, sobretudo da destrutividade.*

Deve-se compreender claramente, porém, que liberdade não é gratuidade nem arbitrariedade. Os seres humanos, como as demais espécies, têm uma estrutura específica, e só podem evoluir em função dessa estrutura. Liberdade não significa isenção de todos os princípios norteadores. Significa liberdade para evoluir de acordo com as leis da estrutura de existência humana. Significa obediência às leis que governam o desenvolvimento humano ideal. Uma autoridade que imponha esta meta é "autoridade racional" quando esta imposição é conseguida mediante mobilização da atividade da criança, do pensamento crítico, da fé na vida. Será "autoridade irracional" quando impuser à criança normas heterônomas que atendam aos propósitos da autoridade, mas não aos propósitos da estrutura específica da criança.

O modo ter de existência, a atitude centrada no móvel da propriedade e do lucro, necessariamente produz o desejo, e mesmo a necessidade de força. Para dominar outros seres humanos, precisamos empregar força de modo a romper sua resistência. Para manter o controle da propriedade privada, precisamos empregar força para protegê-la daqueles que as tirariam de nós, porque eles, como nós, jamais podem ter o bastante; o desejo de ter propriedade privada produz o desejo de empregar violência a fim de furtar de outros de maneira aberta ou velada. No modo ter, a felicidade consiste na superioridade sobre outros, no poder e, em última análise, na capacidade de conquistar, roubar, matar. No modo ser, essa felicidade consiste em amar, participar, dar.

Outros Fatores Que Apóiam o Modo Ter

A língua é um fator importante no fortalecimento da tendência a ter. O nome de uma pessoa — e todos nós temos nomes (e talvez números se a tendência atual de despersonalização continuar) — cria a ilusão de que ela é um ser acabado e imortal. Pessoa e nome tornam-se equivalentes; o nome demonstra que a pessoa é durável, uma substância indestrutível, e não um processo. Os substantivos comuns têm a mesma função, isto é, amor, orgulho, ódio, alegria, dão a impressão de substâncias fixas; mas tais substantivos não têm realidade alguma, e apenas obscurecem a intuição de que estamos tratando de processos em curso no ser humano. Mas até mesmo substantivos que nomeiam coisas, como "mesa", "lâmpada", são enganadores. As palavras indicam que estamos falando de substâncias fixas, embora as coisas nada mais sejam que um processo de energia que causa certas sensações em nosso sistema corporal. Mas essas sensações não são percepções de coisas específicas como mesa ou lâmpada; essas percepções são conseqüência de um processo cultural de aprendizagem, processo que faz com que certas sensações assumam a forma de perceptos específicos. Nós ingenuamente acreditamos que coisas como mesas e lâmpadas existam como tais, e deixamos de perceber que a sociedade nos ensina a transformar sensações em percepções que nos permitem manipular o mundo à nossa volta a fim de nos capacitar a sobreviver em dada cultura. Uma vez dado nome a esses perceptos, o nome parece garantir a realidade final e imutável do percepto.

A necessidade de ter tem ainda outro fundamento, o *desejo biologicamente dado de viver.* Infelizes ou felizes que sejamos, nosso corpo nos impele a lutar pela *imortalidade.* Mas, considerando que sabemos por experiência que um dia morreremos, procuramos soluções que nos façam crer que, a despeito da evidência empírica, somos imortais. Esse desejo assumiu muitas formas: a crença dos faraós de que seus corpos guardados como relíquias nas pirâmides seriam imortais; muitas fantasias religiosas da vida depois da morte, nos felizes campos de caça das primitivas comunidades caçadoras; o paraíso cristão e islamita. Na sociedade contemporânea, desde o século XVIII, a "história" e o "futuro" tornaram-se os sucedâneos do céu cristão: fama, celebridade e mesmo notoriedade — algo que pareça garantir uma nota de pé de página nos registros da história — constitui um pouquinho de imortalidade. A ânsia por fama não é absolutamente uma vaidade secular, mas tem uma qualidade religiosa para aqueles que não mais acreditam no tradicional amanhã. Isso é sobretudo notável quanto a líderes políticos. A publicidade abre os caminhos para a imortalidade, e os agentes de relações públicas tornam-se os novos sacerdotes.

Mas talvez a posse de alguma coisa, mais que qualquer outro objetivo, constitua a satisfação do anseio de imortalidade, e por essa razão a tendência a ter tem tanta força. Se o meu eu é constituído pelo que eu tenho, então sou imortal se as coisas que tenho forem indestrutíveis. Do antigo Egito até hoje, da imortalidade do corpo, pela mumificação, à imortalidade da mente, pelo testamento, as pessoas sobrevivem física e mentalmente ao seu ciclo de vida. Mediante a via legal do testamento, o destino da nossa propriedade é determinado para as gerações futuras; mediante as leis da herança, tornamo-nos imortais, tanto mais quanto mais possuamos capital.

O Modo Ter e o Caráter Anal

Enfoque bastante oportuno para compreender o modo ter consistirá em lembrar aqui uma das mais significativas contribuições de Freud. De acordo com ele, ao passar da fase infantil de mera receptividade passiva, seguida de uma fase de receptividade exploradora agressiva, todas as crianças, antes de atingirem a maturidade, passam por uma fase que Freud chamava *erótico-anal.* Ele descobriu também que esta fase freqüentemente permanece dominante durante o desenvolvimento da pessoa, e quando isto acontece, leva ao aparecimento do *caráter anal*, isto é, o caráter de uma pessoa cuja principal energia na vida é orientada no sentido de adquirir, poupar e acumular dinheiro e coisas materiais, assim como sentimentos, posturas, palavras e força. É o caráter do indivíduo sovina, e em geral está associado a outros traços como meticulosidade, pontualidade, inflexibilidade, em graus fora do comum. Aspecto importante do conceito freudiano é a conexão simbólica de dinheiro e fezes — ouro e imundície — de que ele cita inúmeros exemplos. Seu conceito de que o caráter anal é típico de quem não atingiu a maturidade é, de fato, uma aguda crítica da sociedade burguesa do século XIX, na qual os atributos do caráter anal constituíam a norma da conduta moral e eram considerados como manifestação da natureza humana. A equação de Freud — dinheiro = fezes — é uma crítica implícita, embora não intencional, do modo de agir da sociedade burguesa e seu espírito de possessividade. Nesse sentido, pode ser comparada à análise de Marx referente à moeda nos seus *Manuscritos Econômicos e Filosóficos.*

Importa pouco neste contexto que Freud acreditasse que uma fase especial do desenvolvimento da libido fosse principal e que a formação do caráter fosse secundária (embora, a meu ver seja produto da constelação interpessoal nos primeiros anos de vida e, sobretudo, das condições sociais conducentes à sua formação). O que importa é o parecer de Freud segundo o qual *a tendência predominante à posse ocorre no período anterior à obtenção de plena maturidade e é patológica se se tornar permanente.* Em outras palavras, para Freud, uma pessoa que se ocupe exclusivamente em adquirir e possuir é uma pessoa neurótica, mentalmente doente; segue-se disto que uma sociedade em que a maioria de seus membros exibe o caráter anal é uma sociedade doente.

Ascetismo e Igualdade

Grande parte da discussão moral e política gira em torno desta questão: ter ou não ter? No nível moral-religioso, isso significa a alternativa entre a vida ascética e não ascética, esta última implicando o prazer criativo e o prazer ilimitado. Essa alternativa perde muito de seu significado se a ênfase for posta não propriamente na conduta, mas na atitude subjacente a ela. A conduta ascética, com sua permanente preocupação em não desfrutar, pode ser apenas a negação de intensos desejos de ter e consumir. No asceta esses desejos podem ser reprimidos, e contudo, na própria tentativa de repressão do ter e consumir a pessoa pode também preocupar-se em ter e consumir. Esta negativa por compensação é muito freqüente, como os dados psicanalíticos o demonstram. Ocorre em casos como os dos vegetarianos fanáticos ao reprimirem impulsos destrutivos, fanáticos defensores do antiaborto ao reprimirem impulsos assassinos, fanáticos da "virtude" ao reprimirem seus impulsos "pecaminosos". O que importa, no caso, não é a convicção propriamente dita, mas o fanatismo que lhe dá apoio. Este, como todos os tipos de fanatismo, insinua a suspeição de que ele serve para encobrir outros impulsos, em geral contrários.

No domínio econômico e político, verifica-se alternativa igualmente errônea entre irrestrita desigualdade e absoluta igualdade de renda. Se as posses de todos são funcionais e pessoais, então o que alguém tem a mais que outra pessoa não constitui um problema social, porque se a posse não é essencial, não enseja cobiça. Por outro lado, aqueles que se preocupam com a igualdade, no sentido que a parcela de cada um seja exatamente igual à do outro, demonstram que sua tendência a ter é mais forte que nunca, mesmo que negada por sua preocupação com a igualdade exata. Por trás dessa preocupação é visível sua real motivação: inveja. Quem exige que ninguém tenha mais que ele próprio está desse modo se protegendo da inveja que sentiria se outro tivesse mesmo um mínimo a mais. O que importa é que o luxo e a miséria sejam erradicados; a igualdade não deve significar igualdade quantitativa de cada punhado de bens materiais, mas que a renda não seja tão discrepante a ponto de criar diferentes experiências de vida por grupos distintos. Nos *Manuscritos Econômicos e Filosóficos* Marx assinalou isso, no que ele chama de "comunismo rústico", que "nega a personalidade do homem em todos os domínios"; esse tipo de comunismo "não passa da culminação dessa inveja e nivelamento na base de um mínimo preconcebido".

O Ter Existencial

A fim de apreciarmos plenamente o modo ter de que estamos tratando aqui, ainda outra exceção parece necessária, a saber, a da função do *ter existencial*; porque a existência humana exige que tenhamos, conservemos, cuidemos e utilizemos certas coisas a fim de sobrevivermos. Isso se refere ao nosso corpo, ao alimento, habitação, vestuário e instrumentos necessários a satisfazer nossas necessidades. Esta forma de ter pode ser chamada de *ter existencial* porque está enraizada na existência humana. Trata-se de um impulso racionalmente dirigido na procura de matermo-nos vivos, em contraste com o *ter caracteriológico* de que falamos até aqui, que é uma tendência ardorosa a reter e conservar o que não é inato, mas que se revelou como conseqüência do impacto das condições sociais sobre a espécie humana como biologicamente dada.

O ter existencial não está em conflito com o ser; o ter caracteriológico necessariamente está. Mesmo o "justo" e o "santo", tanto mais que são humanos, devem querer ter no sentido existencial — enquanto a pessoa comum queira ter no sentido existencial e no sentido caracteriológico. (Esta análise encontra-se no meu livro anterior. *O Homem por Si Mesmo*.)

V

Que É o Modo Ser?

Em geral, sabemos mais acerca do modo ter que do modo ser, porque ter é, de fato, o que mais vivenciamos em nossa cultura. Porém, algo mais importante faz com que definir o modo ser seja mais difícil que definir o modo ter, isto é, a própria diferença entre esses dois modos de existência.

Ter refere-se a coisas, e as coisas são determinadas e definíveis. Ser refere-se à experiência, e a experiência humana, em princípio, não é definível. O que é plenamente definível é nossa *persona* — a máscara que usamos, o eu que apresentamos — porque essa *persona* em si é uma coisa. Por outro lado, o ser humano vivo não é uma imagem inerte e portanto não é definível como uma coisa. Na realidade, o ser humano vivo não pode ser definido de modo algum. É certo que podemos dizer muito acerca de nós, do nosso caráter, de nossa orientação geral na vida. Esse conhecimento intuitivo pode ir muito longe na compreensão e definição de minha estrutura psicológica bem como de outra pessoa. Mas o eu total, toda a individualidade, a singularidade e a peculiaridade, tal como as impressões digitais, jamais podem ser plenamente compreendidos, nem mesmo por empatia, porque não há dois seres humanos totalmente idênticos.*

Só no processo de mútuo relacionamento vivo podemos, o outro e eu, superar a barreira de separação, na medida em que ambos participamos na dança da vida. Contudo, a plena identificação recíproca jamais poderá ser conseguida.

---

* Essa é a limitação inclusive da melhor psicologia, questão que analisei pormenorizadamente, comparando "psicologia negativa" e "teologia negativa" num ensaio "Sobre as Limitações e Riscos da Psicologia" (1959).

Nem mesmo um simples ato do comportamento pode ser completamente definido. Poder-se-iam escrever páginas e mais páginas na tentativa de definir o sorriso da Mona Lisa, e mesmo assim o sorriso retratado no quadro não seria captável em palavras, embora isso não se deva a que o sorriso seja tão "misterioso". O sorriso de todas as pessoas é misterioso, a menos que seja o sorriso estudado e fabricado das aparências. Ninguém pode descrever plenamente a expressão de interesse, entusiasmo, biofilia, ódio ou narcisismo que se vê nos olhos de outra pessoa, ou a variedade de expressões faciais, trejeitos, posturas e entonações que caracterizam as pessoas.

O Ser Ativo

O modo ser tem como requisito a independência, a liberdade e a presença de razão crítica. Sua característica fundamental é a de ser ativo, não no sentido de atividade externa, de estar atarefado, mas no sentido de atividade íntima, de emprego criativo dos poderes humanos. Ser ativo significa manifestar as faculdades e talentos no acervo de dotes humanos de que todo ser humano é dotado, embora em graus variáveis. Significa renovar-se, evoluir, dar de si, amar, ultrapassar a prisão do próprio eu isolado, estar interessado, desejar, dar. Contudo, nenhuma dessas experiências pode ser completamente expressa em palavras. As palavras são vasos cheios de experiência que transbordam do recipiente. As palavras designam a experiência; não constituem a experiência. No momento em que exprimo o que vivenciei exclusivamente em pensamento e palavras, a experiência se foi: secou, está morta, é um mero pensamento. Por conseguinte, o ser é indefinível em palavras e só comunicável pela comunhão da minha experiência. Na estrutura do ter, a palavra inerte domina; na estrutura do ser, domina a experiência viva e inefável. Evidentemente, no modo ser há também um pensar que é vivo e criativo.

Talvez se possa dar idéia melhor do modo ser evocando-se o símbolo sugerido por Max Hunzinger: um vidro azul parece ser azul quando a luz o atravessa, porque ele absorve todas as demais cores e não as deixa passar. Isto é, nós o chamamos de vidro "azul" precisamente porque ele não retém as ondas azuis. Tem o nome não pelo que possui, mas pelo que desprende.

Só na medida em que diminui o modo ter, isto é, o não ser — deixando de encontrar segurança e identidade pelo apego ao que temos, repousando nele, agarrando-nos ao nosso eu e nossas posses — pode surgir o modo ser. "Ser" exige renúncia da egocentricidade e egoísmo, ou, nas palavras freqüentemente empregadas pelos místicos, tornando-nos "vazios", "pobres".

Mas a maioria das pessoas acha muito difícil renunciar a tendência a ter. Qualquer tentativa no sentido dessa renúncia suscita intensa ansiedade e sentimento de perda de toda segurança, como o jogar-se no mar sem saber nadar. Essas pessoas não sabem que ao desfazer-se das muletas da propriedade, podem começar a utilizar suas próprias forças e andar por si mesmas. O que as mantém atadas é a ilusão de que não poderiam andar por si mesmas, e que entrariam em colapso se não estivessem amparadas pelo que possuem.

Atividade e Passividade

Ser, no sentido que o descrevemos, implica a faculdade de estar ativo; a passividade exclui o ser. Contudo, "ativo" e "passivo" estão entre as palavras enganadoras, porque seu significado é hoje completamente diferente do que era na antigüidade clássica e na Idade Média até os inícios do Renascimento. Para esclarecer o conceito de ser, devemos compreender os conceitos de atividade e passividade.

No emprego moderno da palavra, atividade é comumente definida como uma qualidade do comportamento que ocasiona efeito perceptível pelo gasto de energia. Assim, por exemplo, os agricultores que cultivam suas lavouras são chamados ativos; do mesmo modo os operários na linha de montagem, os vendedores que persuadem seus clientes a comprar, os investidores que fazem negócios com dinheiro próprio ou dos outros, os médicos que tratam de seus pacientes, os funcionários que vendem selos do correio, os burocratas que arquivam papéis. Embora algumas dessas atividades possam exigir mais interesse e concentração que outras, não importa no que diz respeito a "atividade". Atividade, de um modo geral, é a *conduta intencional socialmente reconhecida, que resulta em mudanças correspondentes, socialmente úteis.*

Atividade, no sentido moderno, refere-se apenas a comportamento, e não à pessoa por trás do comportamento. Não faz diferença se as pessoas são ativas porque são induzidas por força externa, como um escravo, ou por compulsão interna, como uma pessoa movida pela ansiedade. Não importa se estão ou não interessadas no que fazem, como um carpinteiro ou um escritor criativo, um cientista ou jardineiro; nem se tenham ou não relação íntima e satisfação com o que estão fazendo, como o operário na linha de montagem ou o funcionário do correio.

O sentido moderno de atividade não faz distinção entre *atividade* e *ocupação*. Mas há uma diferença fundamental entre os termos, que corresponde às expressões "alienado" e "não alienado" com respeito às atividades. Na atividade alienada, não me sinto como o sujeito atuante de minha atividade; experimento, isto sim, o *resultado* de minha atividade — e como que algo "pairando", distinto de mim, acima de mim e contra mim. Na atividade alienada eu de fato não ajo; sou *atuado* por forças externas ou internas. Tornei-me distinto do resultado de minha atividade. O caso mais nítido de atividade alienada no campo da psicopatologia é o das pessoas compulsivo-obsessivas. Obrigados por uma instância íntima a fazer alguma coisa contra suas próprias vontades — tal como contar degraus, repetir certas frases, executar certos rituais privados — podem ser extremamente ativos na consecução de seus fins; mas como a pesquisa psicanalítica demonstrou amplamente, essas pessoas são movidas por uma força íntima de que não estão conscientes. Exemplo igualmente claro de atividade alienada é a conduta pós-hipnótica. Pessoas sob sugestão hipnótica para fazer isso ou aquilo após o despertar do sono hipnótico farão essas coisas sem consciência do que fazem, porque não o fazem por sua vontade, mas seguindo as ordens anteriormente dadas por seus respectivos hipnotizadores.

Na atividade não-alienada, sinto-me como o sujeito de minha atividade. Atividade não-alienada é um processo de dar à luz alguma coisa, de produzir alguma coisa e permanecer relacionado com ela. Isso também implica que minha atividade seja uma expressão de meus poderes, que eu, minha atividade e o resultado de minha atividade sejam uma só coisa. Chamo essa atividade não-alienada de *atividade produtiva.* *

"Produtiva", como empregada neste contexto, não se refere à capacidade de criar algo novo ou original, como um artista ou cientista podem ser criativos. Nem se refere ao produto de minha atividade, mas à sua *qualidade*. Um tratado de pintura ou de ciência pode ser perfeitamente improdutivo, isto é, estéril; por outro lado, o processo que se dá numa pessoa que tome profunda consciência de si mesmo, ou que verdadeiramente "perceba" uma

* Empreguei o termo "atividade espontânea" em *O Medo à Liberdade*, e "atividade produtiva" nos escritos posteriores.

árvore em vez de apenas vê-la, ou que leia um poema e sinta em si mesma um movimento de emoções que o poeta exprimiu com suas palavras — esse processo pode ser muito produtivo, muito embora nada seja "produzido". A atividade produtiva denota o estado de atividade íntima; não tem necessariamente conexão com a criação de uma obra de arte, de ciência ou de alguma coisa "útil". A produtividade é uma tendência de caráter de que todos os seres humanos são capazes, na medida em que não sejam emocionalmente inválidos. As pessoas produtivas dão alma a tudo o que tocam. Dão nascimento a suas próprias faculdades e dão vida a outras pessoas e a coisas.

"Atividade" e "passividade" podem ter dois significados totalmente diferentes. A atividade alienada, no sentido de mero atarefamento, é, na realidade, "passividade", no sentido de produtividade; ao passo que a passividade, nos termos de não atarefamento, pode ser atividade não alienada. Isso é tão difícil de compreender atualmente porque a maioria das atividades é "passividade" alienada, ao passo que a passividade produtiva raramente é vivenciada.

Atividade e Passividade, de acordo com os Mestres do Pensamento

Na tradição filosófica da sociedade pré-industrial, "atividade" e "passividade" não eram empregados no sentido atual. Nem poderiam ter adquirido a conotação atual, visto que a alienação do trabalho não atingira o ponto comparável com a situação ora existente. Por essa razão, filósofos como Aristóteles nem mesmo faziam nítida distinção entre "atividade" e "atarefamento". Em Atenas, o trabalho alienado era feito apenas por escravos; o trabalho implicando força física parece ter sido excluído do conceito de *praxis*, termo que aparentemente só se refere a atividade de uma pessoa livre, sentido em que o empregava Aristóteles. (Veja-se *Teoria e Prática*, de Nicholas Lobkowicz.) Dado esse contexto, o problema do trabalho sem significado, alienado, puramente rotinizado, não se apresentou aos atenienses. Pelo fato de não serem escravos, sua atividade era produtiva e significativa para eles, precisamente porque implicava liberdade.

Torna-se patentemente claro que Aristóteles não partilhava dos nossos atuais conceitos de atividade e passividade se considerarmos que, para ele, a mais elevada forma de práxis, isto é, de atividade — inclusive acima da atividade política — é a *vida contemplativa*, dedicada à procura da verdade. A idéia de que a contemplação fosse uma forma de inatividade lhe era impensável. Ele considerava a vida contemplativa como atividade da nossa melhor parte, o *nous*. O escravo pode gozar de prazer sensual, do mesmo modo que o homem livre. Mas a *eudaimonia*, o "bem-estar", consiste não em prazeres, mas em *atividades de acordo com a vitrude* (*Ética a Nicômaco*, 1177a, 2 ss.).

A posição de Tomaz de Aquino, como a de Aristóteles, está igualmente em contraste com o conceito moderno de atividade. Para ele também, a vida consagrada à tranqüilidade interna e conhecimento espiritual, a *vita contemplativa*, é a mais elevada forma de atividade humana. Ele admite que a vida cotidiana, a *vita activa*, da pessoa comum, é também valiosa, e conducente ao bem-estar (*beatitudo*), desde que — e esta exceção é decisiva — o objetivo ao qual tendam todas as atividades seja o bem-estar, e que se esteja em condições de controlar as paixões e o corpo (Tomaz de Aquino, *Summa*, 2-2:182, 183; 1-2:4, 6).

Mas o problema da *vita contemplativa* e *vita activa* vai muito além. Porque, enquanto a atitude de Tomaz de Aquino é de certa conciliação, o autor de *The Cloud of Unknowing*, contemporâneo de Mestre Eckhart, argumenta agudamente contra o valor da vida ativa, ao passo que Eckhart, por outro lado, fala eloqüentemente a seu favor. Contudo, a contradição não é tão aguda quanto parece, porque todos concordam em que essa atividade é "saudável" apenas quando tem raízes nas exigências espirituais e exprima uma ética definitiva. Por essa razão, para todos esses mestres, o atarefamento, isto é, atividade distinta da base espiritual, deve ser desconsiderado.*

Como pessoa e como pensador, Spinoza encarnava o espírito e os valores vivos ao tempo de Eckhart, aproximadamente quatro séculos antes; contudo, ele também observou agudamente as transformações ocorridas na sociedade e nas pessoas comuns. Ele foi o fundador da psicologia científica moderna; um dos descobridores da dimensão do inconsciente, e com este enfoque enriquecido proporcionou uma análise mais sistemática e rigorosa da diferença entre atividade e passividade que a de qualquer de seus predecessores.

---

* Enfoques mais aprofundados desse problema da vida contemplativa e vida ativa encontram-se nos escritos de W. Lange e N. Lobkowicz.

Em sua *Ética*, Spinoza distingue entre atividade e passividade (agir e sofrer) como os dois aspectos fundamentais da vida do espírito. O primeiro critério para agir é que uma ação decorre da natureza humana: "Digo que agimos quando alguma coisa é feita, dentro ou fora de nós, do que somos a causa adequada, isto é, quando algo se segue de nossa natureza, dentro ou fora de nós, que só por aquela natureza pode ser clara e distintamente compreendido. Por outro lado, digo que sofremos [isto é, no sentido de Spinoza, somos passivos] quando algo é feito dentro de nós, ou quando alguma coisa decorre de nossa natureza, da qual não somos causa, a não ser parcialmente" (*Ética*, 3, def. 2).

Essas proposições são difíceis para o leitor moderno, que está acostumado a pensar que o termo "natureza humana" não corresponde a qualquer dado empírico demonstrável. Mas para Spinoza, como para Aristóteles, esse não é o caso; nem para alguns neurofisiobiólogos, biólogos e psicólogos contemporâneos. Spinoza acredita que a natureza humana é uma característica dos seres humanos tanto quanto a natureza cavalar é própria do cavalo; além disso, bondade e maldade, êxito ou fracasso, bem-estar ou sofrimento, atividade ou passividade dependem do grau em que as pessoas tenham êxito em concretizar a natureza da própria espécie em grau ideal. Quanto mais perto do modelo de natureza humana estivermos chegando, maiores serão nossa liberdade e bem-estar.

No modelo de seres humanos de Spinoza, o atributo da atividade é inseparável de outro: a razão. Na medida em que agimos de acordo com as condições de nossa existência, e estamos cônscios dessas condições como reais e necessárias, conhecemos a verdade sobre nós mesmos. "Nosso espírito às vezes atua e às vezes sofre: na medida em que tem idéias adequadas, ele necessariamente age: na medida em que tem idéias inadequadas, ele necessariamente sofre" (*Ética*, 3 prop. 1).

Os desejos são divididos em ativos e passivos (*actiones* e *passiones*). Os primeiros são inerentes às condições de nossa existência (a natural e não as distorções patológicas) e os últimos não são inerentes, mas causados por condições deformadoras internas ou externas. Os primeiros existem na medida em que somos livres; os últimos são causados por força interna ou externa. Todos os "afetos ativos" são necessariamente bons: as "paixões" podem ser boas ou más. De acordo com Spinoza, atividade, razão, liberdade, bem-estar, alegria e autoperfeição estão inseparavelmente interligados — do mesmo modo que passividade, irracionalidade, escravidão, tristeza, fraqueza, e ansiedades contrárias às exigências da natureza (*Ética*, 4, ap. 2, 3, 5; prop. 40, 42).

Só se pode compreender o pensamento de Spinoza sobre paixões e passividade indo-se até o último degrau de seu raciocínio. Neste ponto, chega ele à conclusão de que ser conduzido por paixões irracionais é estar mentalmente doente. Na medida em que atingimos grau ótimo de desenvolvimento, somos não apenas livres (relativamente), fortes, sensatos e alegres, mas também mentalmente sadios; desde que não atinjamos esse ponto, não somos livres, somos fracos, falta-nos sensatez e estamos deprimidos. Tanto quanto eu saiba, Spinoza foi o primeiro pensador moderno a postular que saúde e doença mentais são resultados de viver-se correta ou erradamente, respectivamente.

Para Spinoza, a saúde mental é, em última análise, manifestação do viver de modo correto; a doença mental é sintoma de falha em viver de acordo com as exigências da natureza humana. "Mas se a pessoa cobiçosa pensa apenas em dinheiro e posses, e o ambicioso só em fama, não se os julga insanos, porém apenas incômodos; em geral tem-se desprezo por eles. Mas, *de fato*, cobiça, ambição, etc. são formas de insanidade, embora não se pense nessas coisas como 'doença'" (*Ética*, 4, prop. 44). Nesse trecho, tão estranho ao pensamento de nossa época, Spinoza considera as paixões que não correspondem às necessidades da natureza humana como patológicas; de fato, chega ao ponto de considerá-las uma forma de insanidade.

Os conceitos de Spinoza de atividade e passividade constituem a mais radical crítica da sociedade industrial. Em contraste com a crença atual de que as pessoas movidas principalmente pela avidez de dinheiro, posses ou fama são normais e bem ajustadas, elas são consideradas por Spinoza como inteiramente passivas e basicamente doentes. As pessoas ativas, no sentido spinoziano, que ele personificava em sua própria vida privada, tornaram-se exceções, e suspeita-se serem um tanto neuróticas, devido a serem tão pouco ajustáveis à chamada atividade normal.

Marx escreveu, nos *Manuscritos Econômicos e Filosóficos*, que a atividade consciente livre, isto é, a atividade humana, é específica do homem. O trabalho, para ele, representa atividade humana, e atividade humana é vida. O capital, por outro lado, representa para Marx o passado acumulado, e, em última análise, o passado morto (*Grundrisse*). Não se pode compreender plenamente a carga afetiva que a luta entre capital e trabalho tinha para Marx, a menos que se considere que para ele tratava-se de uma luta entre o presente e o passado, entre o vivo e o morto, pessoas contra coisas, ser contra ter. Para Marx, a questão era: quem deve dominar a quê? — Deve a vida dominar a morte ou a morte dominar a vida? O socialismo, para ele, representava uma sociedade em que a vida havia vencido a morte.

Toda a crítica de Marx do capitalismo, e sua visão do socialismo, prendem-se ao conceito de que a auto-atividade humana é paralisada no sistema capitalista, e que a meta é restaurar a plena humanidade mediante restauração da atividade em todas as esferas da vida.

Não obstante as formulações sob influência dos economistas clássicos, o lugar-comum de que Marx era determinista, com o que os homens seriam objetos passivos da história e privados de iniciativa e atividade, seu pensamento é exatamente o oposto disso, como se depreende da leitura de suas obras, e não de frases destacadas do contexto. Nada pode ser mais nítido que uma declaração como esta: "A história nada faz; ela não possui absolutamente tais riquezas; ela absolutamente não luta. O homem sim, este é real, o ser humano que age, possui e combate sempre. Não é absolutamente a história que utiliza o homem para executar seus fins como se ele fosse uma pessoa à parte; a história nada mais é que a atividade do homem em busca de seus objetivos" (Marx e Engels, *A Sagrada Família*).

Dos nossos contemporâneos, ninguém percebeu mais penetrantemente o caráter da atividade moderna que Albert Schweitzer, que, em seu estudo da decadência e restauração da civilização, viu o homem como um ser acorrentado, incompleto, disperso, patologicamente dependente, e "absolutamente passivo".

Ser como Realidade

Até este ponto, vimos definindo o significado de ser em contraste com ter. Mas um segundo significado, e igualmente importante, é revelado mediante o contraste com o *parecer*. Se pareço ser amável enquanto minha amabilidade não passa de máscara para encobrir minha disposição em explorar; se pareço corajoso enquanto seja extremamente banal ou talvez suicida; se pareço amar meu país embora esteja cuidando de meus interesses egoístas, em todos esses casos a aparência, isto é, meu comportamento aberto, está em drástica contradição com a realidade das forças que me movem. Minha conduta é diferente do meu caráter. Minha estrutura de caráter, a verdadeira motivação de minha conduta constituem meu ser real. Minha conduta pode, em parte, refletir meu ser, mas constitui, em geral, um disfarce que uso para meus propósitos. O behaviorismo trata essa máscara como se ela fosse um dado científico fidedigno. Mas o verdadeiro enfoque deve ser da realidade íntima, que, em geral, nem é consciente nem diretamente observável. Esse conecito de ser como "desmascaramento", tal como expresso por Eckhart, é central no pensamento de Spinoza e Marx, e constitui a descoberta fundamental de Freud.

Compreender a discrepância entre conduta e caráter, entre a máscara e a realidade que ela oculta, é o principal feito da psicanálise de Freud. Ele vislumbrou um método (associação livre, análise de sonhos, transferência e resistência) que tinha por objetivo revelar os desejos instintivos (essencialmente sexuais) reprimidos na primeira infância. Mesmo quando posterior aprimoramento da teoria psicanalítica e da terapia passou a dar maior ênfase aos acontecimentos traumáticos no campo das relações interpessoais da infância que à vida instintiva, o princípio permaneceu o mesmo: o que é reprimido são os primeiros e — como acredito — os posteriores desejos e receios traumáticos; o meio de cura dos sintomas ou de distúrbio mais geral é a revelação do material reprimido. Em outras palavras, o que é reprimido são os elementos irracionais, infantis e individuais da experiência.

Por outro lado, o senso comum admite que o cidadão normal, isto é, socialmente adaptado, deva ser sensato e não carente de análise profunda. Mas isso absolutamente não é verdade. Nossas motivações conscientes, idéias e crenças, são uma mistura de informações falsas, tendenciosas, insensatas, racionalizações, preconceitos, em meio ao que algumas parcelas de razão flutuam e de certo modo garantam, embora falsamente, que toda a mistura é real e verdadeira. O processo de pensar tenta dar ordem a todo esse acervo de ilusões de acordo com as leis da lógica e da plausibilidade. Supõe-se que esse nível de consciência reflita a realidade; este é o roteiro que usamos para organizar nossa vida. Este roteiro falso não é reprimido. *O que é reprimido é o conhecimento da realidade, o conhecimento do que é verdadeiro.* Se indagamos, então: *que é o inconsciente*? a resposta deve ser: à parte as paixões irracionais, quase todo o conhecimento da realidade. O inconsciente é basicamente determinado pela sociedade, que produz as paixões irracionais e proporciona a seus membros os diversos tipos de ficção e assim obrigando a verdade a tornar-se prisioneira da pretensa racionalidade.

Declarar que a verdade está reprimida baseia-se, evidentemente, na premissa de que conhecemos a verdade e reprimimos sua expressão; em outras palavras, que existe "conhecimento inconsciente". Minha experiência em psicanálise — de outros e minha própria — diz que isso é realmente verdade. Percebemos a realidade e não podemos ajudar a que a percebam. Assim como nossos sentidos são organizados para ver, ouvir, cheirar e tocar quando nos defrontamos com a realidade, nossa razão é organizada para reconhecer a realidade, isto é, para ver as coisas como elas são, quer dizer, para perceber a verdade. Não me refiro, evidentemente, à parte da realidade que exige instrumentos ou métodos científicos a fim de ser percebida. Refiro-me ao que é reconhecível pela "percepção" concentrada, especialmente a realidade em nós mesmos e em outrem. Sabemos quando encontramos uma pessoa perigosa, sabemos quando estamos diante de quem merece confiança; sabemos quando nos mentem, quando nos exploram, quando nos fazem de tolos, quando somos transformados em mercadorias. Conhecemos tudo o que é importante saber sobre a conduta humana, tanto quanto nossos antepassados tinham um notável conhecimento do movimento das estrelas. Mas enquanto eles estavam cônscios de seu conhecimento e o utilizavam, nós reprimimos o nosso conhecimento imediatamente, porque se ele fosse consciente dificultaria demasiadamente a vida e, como procuramos nos convencer, seria demasiado "perigoso".

É fácil comprovar isso. Nos sonhos, por exemplo, em muitos dos quais temos uma profunda intuição da essência de outra pessoa, e de nós mesmos, que nos falta completamente em vigília. (Cito muitos exemplos desses casos em meu livro *A Linguagem Esquecida.*) * Evidencia-se naquelas reações freqüentes, quando subitamente vemos alguém de modo totalmente diferente, e sentimos como se tivéssemos esse conhecimento anteriormente. Comprova-se nos fenômenos de resistência, quando a dolorosa verdade ameaça vir à superfície, nos lapsos de linguagem, nas expressões truncadas, no estado de transe, ou nos casos em que uma pessoa diz alguma coisa, como num aparte, que é o exato oposto do que a pessoa sempre disse acreditar, e que parece esquecer um instante depois. Na verdade, grande parte de nossa energia é empregada para ocultar de nós mesmos o que sabemos, e o grau desse conhecimento reprimido dificilmente poderá ser superestimado. Uma lenda talmúdica exprimiu esse conceito de repressão

* Publicado no Brasil por Zahar Editores. (N. do T.)

da verdade numa forma poética: quando uma criança nasce, um anjo passa a mão em sua cabeça, de modo que ela esquece toda a verdade que possuía na hora de nascer. Se a criança não esquecer, sua vida se tornará intolerável.

Voltando à nossa tese principal: o ser se refere ao real, em contraste com o quadro falsificado e ilusório. Neste sentido, todo empenho em aumentar o setor do ser significa intuição aumentada da realidade do nosso próprio eu, do de outros e do mundo à nossa volta. As principais metas éticas do judaísmo e do cristianismo — a superação da avidez e do ódio — não podem ser concretizadas sem outro fator que é central no budismo e que também desempenha um papel no judaísmo e no cristianismo: o modo de ser é penetração além da superfície e introvisão da realidade.

A Vontade de Dar, de Participar, de Sacrificar

Na sociedade contemporânea, admite-se que o modo ter é inerente à natureza humana e que, em conseqüência, é virtualmente imutável. A mesma noção está expressa no dogma de que as pessoas são basicamente preguiçosas, passivas por natureza, e que não trabalham ou fazem qualquer coisa a não ser movidas pelo incentivo de ganho material, ou fome, ou medo de castigo. Quase ninguém põe em dúvida esse dogma, e ele determina nossos métodos de educação e de trabalho. Mas esse modo de pensar é pouco mais que a expressão do desejo de provar o valor de nosso arranjo social, atribuindo a ele o que seria legítima característica da natureza humana. A noção de egoísmo humano e de indolência inatos pareceria fantástica a membros de diferentes sociedades do passado e do presente, tanto quanto o contrário nos parece.

A verdade é que tanto o modo ter como o modo ser de existência são potencialidades da natureza humana; que nosso impulso biológico à sobrevivência tende a estimular o modo ter, mas que egoísmo e indolência não são as únicas propensões dos seres humanos.

Nós, os seres humanos, temos uma inerente e profundamente enraizada ânsia de ser: de exprimir nossas faculdades, de sermos ativos, de nos relacionarmos com outros, de fugir à prisão do egoísmo. A verdade dessa asserção poderia ser ilustrada facilmente mediante inumeráveis exemplos. D. O. Hebb formulou o núcleo do problema na sua forma genérica ao declarar que *o único* *problema comportamental é explicar a inatividade, e não a atividade.* Os dados seguintes são a prova dessa tese geral:*

1. Dados sobre a conduta animal. Experiências e observação direta demonstram que muitas espécies desempenham tarefas penosas com prazer, mesmo sem recompensas materiais.

2. Experimentos neurofisiológicos demonstram atividade inerente às células nervosas.

3. Conduta infantil. Estudos recentes demonstram a capacidade e necessidade de crianças pequenas reagirem ativamente a complicados estímulos — descobrimento em contraste com a presunção de Freud de que a criança sente os estímulos externos como ameaça, mobilizando sua agressividade a fim de afastar a ameaça.

4. Aprendizado. Muitos estudos demonstram que a criança e o adolescente são indolentes porque o material de aprendizado lhes é apresentado de modo árido e inerte, incapaz de suscitar verdadeiro interesse. Afastada a pressão e a monotonia, e apresentando-se o material de modo vivo, mobilizam-se notável atividade e iniciativa.

5. Conduta no Trabalho. O clássico experimento de E. Mayo demonstrou que mesmo o trabalho que em si é tedioso torna-se interessante se os trabalhadores souberem que estão participando de uma experiência conduzida por uma pessoa viva e dotada, que tem capacidade de suscitar sua curiosidade e participação. O mesmo foi observado em numerosas fábricas nos Estados Unidos e na Europa. O clichê dos administradores em relação aos trabalhadores é: os trabalhadores não estão realmente interessados em participação ativa; tudo o que querem são salários elevados, daí a participação nos lucros ser incentivo para produtividade superior do trabalho, mas não para a participação dos trabalhadores. Embora os administradores estejam certos quanto aos métodos de trabalho que oferecem, a experiência demonstrou — e convenceu a não poucos deles — que, se os trabalhadores podem ser verdadeiramente ativos, responsáveis e distinguíveis no seu desempenho funcional, os que antes eram desinteressados modificam-se consideravelmente e mostram notável grau de criatividade, atividade, imaginação e satisfação.**

---

* Examinei algumas dessas provas em meu livro *Anatomia da Destrutividade Humana.*

** Em seu próximo livro, *The Gamesmen*: *The New Corporate Leaders* (que tive o privilégio de ler em manuscrito), Michael Maccoby menciona

6. A fartura de dados encontráveis na vida social e política. A crença de que o povo não se dispõe a sacrificar-se é notoriamente errada. Quando, ao início da II Guerra Mundial, Churchill advertiu de que ela exigiria sangue, suor e lágrimas, não desanimou os ingleses, mas pelo contrário, apelou ao mais enraizado desejo humano de sacrificar-se. A reação dos ingleses, como também a dos alemães e russos, contra o bombardeio indiscriminado de alvos civis pelos beligerantes prova que o sofrimento comum não enfraqueceu seu espírito; fortaleceu sua resistência e demonstrou estarem errados aqueles que acreditavam que o terror dos bombardeios quebraria o moral do inimigo e contribuiria para o término da guerra.

É doloroso verificar, no entanto, quanto à nossa civilização, que a guerra e o sofrimento, em vez de tempos de paz, podem mobilizar a presteza humana a sacrificar-se, e que os tempos de paz parecem sobretudo estimular o egoísmo. Felizmente, há situações nos períodos de paz em que a ânsia humana por solidariedade e participação manifesta-se no comportamento individual. As greves operárias, sobretudo até a época da I Guerra Mundial, são um exemplo dessa conduta essencialmente não violenta. Os trabalhadores desejavam salários mais altos, mas ao mesmo tempo arriscavam-se e aceitavam duras condições a fim de lutar por sua dignidade e satisfação de sentir solidariedade humana. A greve era tanto um fenômeno "religioso" quando econômico. Embora greves desse tipo ocorram ainda hoje, a maioria das greves atuais é por motivos econômicos — embora movimentos grevistas por melhores condições de trabalho estejam aumentando recentemente.

A necessidade de dar e participar, bem como a disposição a fazer sacrifícios por outros, ainda é encontrada em alguns membros de certas profissões, como enfermeiros, médicos, monges e freiras. O objetivo de ajudar e sacrificar-se é meramente fingido por muitos, quando não maioria, desses profissionais; contudo, o caráter de número apreciável corresponde aos valores que eles professam. Encontramos essas mesmas necessidades afirmadas e manifestas em muitas comunidades em todos os tempos, sejam elas religiosas, socialistas ou humanistas. Verificamos o desejo de dar no caso do doador voluntário de sangue, em muitas situações em que a doação significa o próprio risco de vida em favor de outrem. Manifesta-se a vontade de dar entre as pessoas que verdadeiramente amam. O falso amor, isto é, a satisfação do egoísmo

---

alguns projetos recentes de participação democrática, especialmente em sua pesquisa no Projeto Bolívar, parte de um plano maior que Maccoby está atualmente elaborando.

mútuo, torna as pessoas ainda mais egoístas, e isso acontece ainda muito freqüentemente. O amor verdadeiro aumenta a capacidade de amar e de dar-se aos outros. Aquele que ama verdadeiramente ama todo o mundo em seu amor por determinada pessoa. *

Inversamente, verificamos que não poucas pessoas, especialmente jovens, não podem suportar o luxo e egoísmo que os rodeiam em suas famílias abastadas. Muito contrariamente à expectativa de seus parentes, que imaginam terem os seus filhos "tudo o que desejam", eles se rebelam contra a falta de vida e isolamento de suas vidas. O fato é que eles não têm tudo o que desejam, e desejam tudo o que não têm.

Exemplos notáveis de pessoas como essas na história passada são os filhos e filhas dos ricos no Império Romano, que abraçaram a religião da pobreza e do amor; outro é o exemplo de Buda, que era um príncipe e possuía todo o prazer e luxo que quisesse, mas descobriu que ter e consumir são causas de infelicidade e sofrimento. Exemplo mais recente, da segunda metade do século passado, é o de filhos e filhas das classes superiores russas, os *narodniki*. Não mais se sentindo capazes de suportar a vida de ociosidade e injustiça em meio à qual nasceram, esses jovens abandonaram suas famílias e juntaram-se a camponeses pobres, viveram com eles, e os ajudaram a lançar os fundamentos da luta revolucionária na Rússia.

Presenciamos fenômeno semelhante entre filhos e filhas dos abastados nos Estados Unidos e Alemanha, que consideram sua vida na mansão rica como um ambiente tedioso e fútil. Mais ainda, acham intolerável a insensibilidade do mundo para com os pobres e a corrida para a guerra nuclear para fins egoístas. Assim é que fogem do ambiente doméstico, procurando novo estilo de vida, e continuam insatisfeitos porque nenhum esforço construtivo parece ter uma oportunidade. Muitos deles foram originariamente os mais idealistas e sensíveis da jovem geração; mas a esta altura, a falta de continuidade, de maturidade, de experiência e de prudência política os torna desesperados. Passam a superestimar narcisisticamente suas capacidades e tentam conseguir o impossível pelo emprego da força. Constituem os chamados

* Uma das fontes mais importantes para a compreensão do natural impulso humano a dar e participar encontra-se no clássico de P. A. Kropotkin, *Ajuda Mútua: Um Fator de Evolução.* Duas outras obras importantes são *The Gift Relationship: From Human Blood to Social Policy,* de Richard Titmus (no qual assinala as manifestações das pessoas no sentido de dar-se e acentua os impedimentos do nosso sistema econômico à livre prática do direito de dar-se), e *Altruísmo, Moralidade e Teoria Econômica,* coordenação de Edmund S. Phelps.

grupos revolucionários e esperam salvar o mundo mediante atos de terror e destruição, não percebendo que estão apenas contribuindo para a tendência geral de violência e desumanidade. Perderam a capacidade de amar e substituíram-na pelo desejo de sacrificar suas vidas. (O auto-sacrifício é freqüentemente a solução para indivíduos que ardentemente desejam amar, mas que perderam o dom de amar e vêem no sacrifício de suas vidas uma experiência do amor no mais alto grau.) Mas esses jovens que se auto-sacrificam são muito diferentes dos *mártires do amor*, que querem viver porque amam a vida e que aceitam a morte apenas quando são obrigados a morrer para não traírem a si mesmos. Os jovens que atualmente se sacrificam são os acusados, mas também acusadores, ao demonstrarem que, em nosso sistema social, alguns dos melhores jovens tornam-se tão isolados e desesperançados que nada, a não ser a destruição e o fanatismo, lhes fica como saída de seu desespero.

O desejo humano de experimentar união com outros tem raízes nas condições específicas de existência que caracterizam a espécie humana, e é um dos mais fortes motivadores de conduta humana. Pela combinação de mínima determinação instintiva e desenvolvimento máximo da capacidade racional, os seres humanos perderam a unidade original com a natureza. A fim de não nos sentirmos inteiramente isolados — o que, de fato nos condenaria à loucura — precisamos de encontrar uma nova unidade: com os nossos semelhantes e com a natureza. Essa necessidade humana de unidade com outros é sentida de muitas maneiras: na ligação simbiótica com a mãe, com um ídolo, com a tribo, nação, classe, religião, fraternidade e com a organização profissional. Não raro, evidentemente, esses laços se sobrepõem, e não raro assumem forma estática, como entre membros de certas seitas religiosas ou uma multidão de linchadores, ou na explosão de histeria nacional em caso de guerra. O advento da I Guerra Mundial, por exemplo, ocasionou um dos mais drásticos desses aspectos de "união". Subitamente, de um dia para o outro, o povo abandonou suas antigas convicções de pacifismo, antimilitarismo, socialismo; os cientistas desfizeram-se de sua decantada objetividade, pensamento crítico e imparcialidade a fim de juntar-se ao grande *Nós*.

O desejo de sentir união com outros manifesta-se nas mais baixas formas de conduta, isto é, nos atos de sadismo e destruição, assim como nas superiores: solidariedade na base de um ideal ou convicção. É também a principal causa da necessidade de adaptar-se; os seres humanos receiam mais ser marginalizados que morrer. É decisivo para toda sociedade o tipo de união e solidariedade que ela enseja e o tipo que pode ensejar, nas condições de sua estrutura socioeconômica.

As considerações precedentes parecem indicar que ambas as tendências estão presentes nos seres humanos: uma, *ter* — possuir — que adquire sua força, em última análise do fator biológico do desejo de sobrevivência; a outra, *ser* — participar, dar, sacrificar-se — que obtém sua força das condições específicas da existência humana e da necessidade inerente de superar o isolamento pela identificação com outros. Dessas duas tendências contraditórias e conflitantes em todo ser humano, segue-se que a estrutura social, seus valores e normas, decide qual das duas se torna dominante. Culturas que estimulam a ânsia de posse, e, assim, o modo ter de existência, prendem raízes no potencial humano; culturas que estimulam o ser e o participar têm raízes em outro potencial. Devemos decidir qual desses dois potenciais queremos cultivar, compreendendo, porém, que nossa decisão é amplamente determinada pela estrutura socioeconômica de dada sociedade que nos inclina para uma outra solução.

A partir de minhas próprias observações no domínio do comportamento grupal, minha melhor hipótese é a de que os dois grupos extremos, respectivamente manifestando tipos de ter e ser profundamente arraigados e quase inalteráveis, constituem pequena minoria; que na grande maioria ambas as possibilidades são reais, e que a dominância de uma ou de outra depende de fatores ambientais.

Esta hipótese contradiz um dogma amplamente aceito em psicanálise, a saber, que o ambiente produz modificações essenciais no desenvolvimento da personalidade, na infância e meninice, mas que depois dessa época o caráter se fixa e dificilmente se modifica por fatos externos. Esse dogma psicanalítico veio a tornar-se aceito devido a que as condições básicas da infância continuam na vida subseqüente da maioria das pessoas, visto que, em geral, as mesmas condições sociais continuam a existir. Mas há casos numerosos em que modificação drástica do ambiente leva a alteração fundamental da conduta, isto é, quando as forças negativas deixam de ser alimentadas e as forças positivas são nutridas e estimuladas.

Em suma, a freqüência e intensidade do desejo de participar, de dar, de sacrificar-se, não são surpreendentes se considerarmos as condições de existência da espécie humana. O que surpreende é que esta necessidade pudesse ser tão reprimida de modo a tornar regra atos de egoísmo nas sociedades industriais (e muitas outras), e atos de solidariedade transformarem-se em exceção. Mas, paradoxalmente, esse próprio fenômeno é causado pela necessidade de união. Uma sociedade cujos princípios são a aquisitividade, o lucro e a propriedade enseja um caráter social orientado no sentido do ter, e uma vez que o padrão dominante seja estabelecido, ninguém deseja ser marginalizado; para evitar esse risco, todos se adaptam à maioria, que tem em comum apenas seu antagonismo mútuo.

Em conseqüência da atitude dominante de egoísmo, os líderes de nossa sociedade acreditam que o povo só pode ser motivado pela expectativa de vantagens materiais, isto é, por recompensas, e que não reagirá a apelos de solidariedade e sacrifício. Daí os apelos raramente serem feitos, a não ser em tempo de guerra, e se perderem as oportunidades de observar os possíveis resultados desses apelos.

Só uma estrutura socioeconômica radicalmente diferente e um quadro radicalmente diferente da natureza humana poderiam mostrar que o suborno não é a única maneira (ou a melhor maneira) de influenciar pessoas.

VI

Outros Aspectos de Ter e Ser

Segurança — Insegurança

Não nos movermos para frente, permanecermos onde estamos, regressarmos, em outras palavras, confiarmos no que temos, é muito tentador, visto que o que *temos*, nós conhecemos; podemos agarrá-lo, sentirmo-nos seguros nele. Receamos, e portanto, evitamos, dar um passo ao desconhecido, ao incerto; porque, na verdade, embora o passo possa não parecer arriscado depois de dado, antes dele tudo parece perigoso, e daí temerário empreendê-lo. Somente o velho, o experimentado, o seguro, ou o que assim pareça. Todo passo novo traz em si o risco de fracasso, e esta é uma das razões pelas quais tanto se teme a liberdade.*

Naturalmente, a cada novo estágio da vida o velho e familiar fica diferente. Como bebês, temos apenas nosso corpo e o seio materno (ainda indiferenciados, no início). Depois, começamos a orientar-nos para o mundo, começando o processo de conquista de um lugar nele para nós. Começamos querendo ter coisas: temos nossa mãe, nosso pai, nossos parentes, os brinquedos; mais tarde, adquirimos conhecimento, uma profissão, uma posição social, um cônjuge, filhos e então temos como que uma outra vida após esta, quando adquirimos a futura sepultura, fazemos o seguro de vida e redigimos o nosso testamento.

Não obstante a segurança que temos, as pessoas admiram aqueles que têm uma visão do novo, aqueles que desbravam um novo caminho, que têm coragem de ir em frente. Na mitologia,

* Este é o tema principal de meu livro *O Medo à Liberdade*.

esse modo de existência é representado simbolicamente pelo herói. Heróis são aqueles seres dotados de coragem para abandonar o que têm — sua terra, sua família, sua propriedade — e sair, não sem temor, mas sem se deixarem vencer pelo medo. Na tradição budista, Buda é o herói que abandona todos os seus bens, toda a certeza contida na teologia hindu — sua nobreza, sua família — e segue para uma vida de desprendimento. Abraão e Moisés são heróis na tradição judaica. O herói cristão é Jesus, que nada tinha e — aos olhos do mundo — nada é, e que no entanto age pleno de amor para com todos os seres humanos. Os gregos têm heróis seculades, cujos objetivos são a vitória, a satisfação de seu orgulho, a conquista. Contudo, como os heróis espirituais, Hércules e Ulisses avançam, destemerosos dos riscos e perigos que os esperam. Os heróis dos contos de fada obedecem ao mesmo critério: saem, avançam, enfrentam a incerteza.

Admiramos esses heróis porque sentimos, no fundo, que seu modo de agir é aquele que gostaríamos de adotar, se pudéssemos. Mas, atemorizados, acreditamos não podermos percorrer aqueles caminhos que só os heróis conseguem. Os heróis tornam-se ídolos; transferimos a eles nossa capacidade de agir, e permanecemos onde estamos "porque não somos heróis".

Esta análise poderia dar a impressão de implicar que ser herói é desejável e que, no entanto, é tolice lutar contra o autointeresse. Nada disso, absolutamente. As pessoas cautelosas, possessivas, desfrutam de segurança e, no entanto, necessariamente são muito inseguras. Dependem do que têm: dinheiro, prestígio, seu eu, isto é, dependem de algo exterior a elas. Mas que acontece com elas se perdem o que têm? Porque, de fato, o que se tem pode perder-se. Muito obviamente, a propriedade é coisa perecível, e com ela é comum que também se percam a posição, os amigos, e a qualquer momento, cedo ou tarde, acaba-se por perder a vida.

Se o que sou é o que tenho e se o que tenho se perde, quem, então, sou eu? Ninguém, senão um derrotado, esvaziado, patético testemunho de um modo errado de vida. Devido a que posso perder o que tenho, necessariamente estou sempre contrariado com a idéia de que perderei o que tenho. Tenho medo de ladrões, de reformas econômicas, de revoluções, de doença, da morte, e tenho medo do amor, da liberdade, da evolução, da mudança, do desconhecido. Assim, estou sempre aborrecido, sofrendo de hipocondria crônica, não apenas quanto à perda de saúde, mas de tudo o mais que tenho. Torno-me defensivo, duro, suspeitoso, solitário, movido pela necessidade de ter sempre mais a fim de estar mais protegido. Ibsen deu uma excelente descrição dessa pessoa autocentrada em seu *Peer Gynt*. O herói está cheio de si mesmo; em seu extremo egoísmo, acredita que é ele mesmo, porque é um "feixe de desejos". No fim de sua vida reconhece que, devido à sua existência estruturada em torno da propriedade, deixou de ser ele mesmo, que é como uma cebola sem miolo, um homem inacabado, que nunca foi ele mesmo.

Ansiedade e insegurança, engendradas pelo perigo de perder o que se tem, estão ausentes no modo ser. Se sou o que sou, e não o que tenho, ninguém me pode privar do que constitui minha segurança, nem ameaçá-la, o mesmo acontecendo com meu sentido de identidade. Meu centro está dentro de mim mesmo; minha capacidade de ser e de expressar minhas forças essenciais são parte da minha estrutura de caráter e dependem de mim. Isso é certo, naturalmente, para o processo normal de vida e não para circunstâncias incapacitantes como doença, tortura ou casos de poderosas forças externas restritivas.

Enquanto o ter baseia-se em algo que diminui com o uso, o ser aumenta com a prática. A sarça ardente que não se consome é o símbolo bíblico para este paradoxo. As forças da razão, do amor, da criação artística e intelectual, todas as forças essenciais, aumentam mediante o processo de manifestar-se. O que se despende não se perde, mas, pelo contrário, o que se conserva é que se perde. A única ameaça à minha segurança em *ser* reside em mim mesmo: na falta de fé na vida e em minhas forças produtivas; nas tendências regressivas; na indolência íntima e na disposição a que outros dominem minha vida. Mas esses perigos não são inerentes ao ser, como o perigo de perda é inerente ao ter.

Solidariedade — Antagonismo

A experiência do amor, do gostar de alguma coisa, de fruir alguma coisa sem querer possuí-la, é posta em relevo por Suzuki, no confronto dos poemas japonês e inglês, examinados no capítulo I deste livro. De fato, não é fácil para o homem ocidental moderno experimentar o gozo separado da coisa possuída. Contudo, essa experiência não nos é inteiramente estranha. O exemplo da flor, lembrado por Suzuki, não se aplicaria se em vez de contemplar a flor o passante olhasse para uma montanha, um prado, ou qualquer coisa que não possa ser removida. Certamente, muitos, se não a maioria das pessoas, não se contentam em ver uma montanha, exceto como um clichê. Em vez de vê-la, prefeririam saber seu nome, sua altura, ou poderiam querer escalá-la, o que é outra forma de possuí-la. Mas alguns podem verdadeiramente ver a montanha e apreciá-la. O mesmo se pode dizer quanto a apreciar obras musicais: isto é, comprar um disco da música de que se gosta pode ser um ato de possuir a obra, e talvez a maioria das pessoas que gosta de arte realmente "consuma" o que adquiriu; mas uma minoria talvez ainda reaja à música e arte com autêntico gozo e sem impulso a "ter".

Às vezes se pode ler as reações das pessoas em suas expressões faciais. Recentemente vi um filme na televisão em que apareciam extraordinários acrobatas e malabaristas de um circo chinês. Durante a filmagem, a câmara freqüentemente passava em revista o auditório para registrar a reação dos indivíduos no meio da multidão. A maioria dos rostos iluminava-se, revivida, embelezada em reação ao desempenho gracioso e vivo. Apenas uma minoria parecia fria e indiferente.

Outro exemplo de gozo sem pretensão de posse pode ser facilmente visto na nossa reação a uma criança pequena. No caso, também, suponho que muito comportamento auto-enganador ocorra porque gostamos de nos ver no papel de quem gosta de crianças. Mas, embora possa haver razão para suspeição, acredito que reação verdadeira e viva a crianças não seja absolutamente rara. Isso pode ser, em parte, porque, em contraste com seu sentimento para com adolescentes e adultos, a maioria das pessoas não tem medo de crianças, e, portanto, pode reagir para com elas amavelmente, o que não aconteceria se no relacionamento com elas se interpusesse o medo.

O exemplo mais significativo de gozo sem a ânsia de posse do que se desfruta é o caso das relações interpessoais. Um homem e uma mulher podem desfrutar-se reciprocamente por vários motivos: podem apreciar as atitudes alheias, gostos, idéias, temperamento, ou toda a personalidade. Contudo, só naqueles que devem *ter* o que apreciam esse desfrute mútuo em geral resultará em desejo de posse sexual. Para aqueles em quem domina o modo ser, a outra pessoa é desejável, e mesmo eroticamente atraente, mas ele ou ela não precisam ser "arrancados", para lembrar os termos do poema de Tennyson, a fim de serem desfrutados.

As pessoas centradas no modo ter querem *ter* a pessoa que admiram ou de quem gostam. Isso pode ser percebido nas relações entre os pais e seus filhos, entre professores e estudantes, e entre amigos. Nem o parceiro está satisfeito apenas em desfrutar a outra pessoa; cada qual deseja ter a outra pessoa para si. Daí cada um estar ciumento daqueles que também querem "ter" a outra pessoa. Cada parceiro procura o outro como um marinheiro náufrago busca uma tábua para se agarrar e sobreviver. Os relacionamentos predominantes no modo ter são pesados, difíceis, cheios de conflitos e ciúmes.

Falando de um modo mais geral, os elementos fundamentais na relação entre indivíduos no modo ter de existência são a competição, antagonismo e medo. O elemento antagonista nos relacionamentos desse tipo decorre de sua própria natureza. Se ter é a base do meu sentido de identidade porque "sou o que tenho", o desejo de ter deve levar ao desejo de ter muito, ter mais, ter o máximo. Em outras palavras, *avidez* é o resultado natural da tendência a ter. Pode ser a avidez do avarento ou do ambicioso de lucros; avidez do mulherengo ou da namoradeira. Seja o que for que constitua essa avidez, a pessoa ávida jamais tem o bastante, nunca pode estar "satisfeita". Em contraste com as necessidades fisiológicas, tais como a fome, que tem um ponto definido de saciação devido à fisiologia do corpo, a avidez *mental* — e toda avidez é mental, mesmo que satisfeita pelo corpo — não tem ponto de saciação, visto que não esgota o recipiente interno, o vazio, o tédio, sobrevindo a solidão e a depressão. Além do mais, considerando que o que se tem pode perder-se de uma forma ou de outra, é preciso ter sempre mais, para garantir a existência contra esse perigo. Se todos querem ter mais, todos devem temer a intenção agressiva de seu semelhante de arrebatar o que se tem. Para evitar esse ataque deve-se ficar mais poderoso e, por sua vez, prevenidamente agressivo também. Além disso, uma vez que a produção, por maior que seja, jamais pode igualar-se com os desejos ilimitados, deve haver competição e antagonismo entre indivíduos na luta para obtenção do máximo. E o conflito há de continuar, mesmo que se atinja um estado de absoluta abundância; aqueles que têm menos saúde física e atraência, menos dotes, menos talentos, irão invejar amargamente aqueles que possuem mais essas coisas.

O modo ter e a resultante avidez levam necessariamente ao antagonismo interpessoal, e o conflito também se dá entre as nações tal como acontece entre indivíduos. Porque, na medida em que as nações se constituem de pessoas cuja motivação é ter e cobiçar, a guerra é inevitável. Eles necessariamente cobiçam o que a outra nação possui, e tentam obter o que querem pela guerra, pela pressão econômica, ou por ameaças. Usarão esse processo contra nações mais fracas, em primeiro lugar, e constituirão alianças mais fortes que a nação a ser atacada.

Mesmo que tenha apenas uma razoável chance de vitória, uma nação recorrerá à guerra, não porque sofra economicamente, mas porque o desejo de ter mais e conquistar está profundamente arraigado no caráter social.

Sem dúvida, há períodos de paz. Mas deve-se distinguir entre paz durável e paz que é fenômeno transitório, período de acumulação de força, reconstrução industrial e bélica — em outras palavras, entre paz que é um estado permanente de harmonia, e paz que não passa de uma trégua. Embora os séculos XIX e XX tivessem períodos de trégua, eles são caracterizados por um estado de guerra crônica entre os atores principais no palco da história. A paz como estado de relações harmoniosas duráveis entre as nações só será possível quando a estrutura ter for substituída pela estrutura ser. A idéia de que se pode edificar a paz ao mesmo tempo em que estimulando a ânsia de posse e lucro não passa de ilusão, e ilusão perigosa, porque impede o povo de se dar conta de que está diante de uma clara alternativa: ou uma mudança radical do seu caráter ou a perpetuidade da guerra. Trata-se, evidentemente, de uma alternativa antiga; os líderes preferiram a guerra e o povo os acompanhou. Hoje e amanhã, com o incrível aumento de destrutividade das novas armas, a alternativa não mais é a guerra, mas o suicídio mútuo.

O que acima dissemos sobre as guerras internacionais vale também quanto à guerra de classes. A luta de classes, essencialmente a exploradora e a explorada, sempre existiu em sociedades baseadas no princípio da cupidez. Nunca houve guerra de classes onde nem havia necessidade ou possibilidade de exploração nem caráter social em que predominasse avidez. Mas há propensão a haver classes em qualquer sociedade, mesmo na mais rica, em que domine o modo ter. Conforme mencionamos há pouco, havendo desejos ilimitados, mesmo a maior produção não poderia emparelhar com a fantasia de todos os que quisessem ter mais que seus semelhantes. Inevitavelmente, os mais fortes, os mais astutos, os mais favorecidos por outras circunstâncias, tentarão consolidar uma posição privilegiada por si mesmos e empenhar-se em tirar vantagem dos menos poderosos, seja pela força e violência ou pela persuasão. As classes oprimidas derrubarão seus dominadores, e assim por diante. A luta de classes poderia tornar-se talvez menos violenta, mas não desaparecerá enquanto dominar a avidez no coração humano. A noção de uma sociedade sem classes num chamado mundo socialista aparece ao espírito do ambicioso como ilusória — e perigosa — como a idéia de paz permanente entre as nações cobiçosas.

No modo ser, o ter privativo (propriedade privada) tem pouca importância afetiva, porque não preciso possuir alguma coisa para desfrutá-la, ou mesmo para dela me utilizar. No modo ser, mais de uma pessoa — de fato, milhões de pessoas — podem compartilhar o desfrute de um mesmo objeto, visto que ninguém precisa — ou ninguém quer — tê-lo, como condição para desfrutá-lo. Isso não apenas evita o conflito; cria uma das mais profundas formas de felicidade humana: compartilhar o gozo. Nada une as pessoas mais (sem restringir sua individualidade) que comungar sua admiração e amor por uma pessoa; comungar uma idéia, uma obra musical, uma obra de arte, um símbolo; participar de um ritual — e compartilhar a tristeza. A experiência da participação vivifica e mantém viva a relação entre indivíduos; é a base de todas as grandes religiões, de todos os movimentos políticos e filosóficos. Evidentemente, isso é certo enquanto e na medida em que os indivíduos verdadeiramente amem ou admirem. Quando movimentos religiosos e políticos se ossificam, quando a burocracia manipula o povo por meio de sugestões e ameaças, cessa a participação mútua.

Embora a natureza tenha vislumbrado, por assim dizer, o protótipo — ou talvez o símbolo — da comunhão do gozo no ato sexual, empiricamente o ato sexual não é necessariamente um gozo compartilhado; os parceiros são freqüentemente tão narcisistas, egoístas e possessivos que se pode falar apenas de prazer simultâneo, mas não de gozo compartilhado.

Em outro aspecto, porém, a natureza oferece um símbolo menos ambíguo para a distinção entre ter e ser. A ereção do pênis é totalmente funcional. O macho não *tem* ereção como uma propriedade ou qualidade permanente (embora seja hipótese que alguém queira *ter* essa propriedade). O pênis *é* um estado de ereção, enquanto o homem está excitado, na medida em que deseje a pessoa que suscitou sua excitação. Se por alguma razão algo interfere nesta excitação, o homem nada *tem*. E em contraste com praticamente todas as demais espécies de comportamento, a ereção não pode ser fingida. George Groddek, um dos psicanalistas mais notáveis, embora relativamente pouco conhecido, costumava comentar que o homem, afinal de contas, só é homem por uns poucos minutos; na maior parte do tempo é um menino. É claro, Groddek não queria dizer que um homem se transforma em menino em todo o seu ser, mas precisamente naquele aspecto que para muitos é a prova de que ele é de fato um homem (Veja-se meu ensaio, escrito em 1943, sobre "Sexo e Caráter").

Alegria — Prazer

Mestre Eckhart ensinava que a viveza é conducente à *alegria*. O leitor moderno pode não estar em condições de prestar atenção à palavra "alegria" e lê-la como se Mestre Eckhart tivesse escrito "prazer". Contudo, a distinção entre alegria e prazer é decisiva, sobretudo em referência à distinção entre os modos ser e ter. Não é fácil avaliar a diferença, já que vivemos num mundo de "prazeres sem alegria".

Que vem a ser prazer? Muito embora a palavra seja empregada de modos diferentes, considerando seu emprego no pensamento popular, parece definida melhor como a satisfação de um desejo que não exige atividade (no sentido de vivacidade) a ser satisfeita. Tal prazer pode ser de alta intensidade: o prazer em ter êxito social, ganhar mais dinheiro, ganhar na loteria; o prazer sexual convencional; estar de "coração satisfeito"; ganhar uma corrida; o estado de euforia ensejado pela bebida, o transe, as drogas; o prazer em satisfazer o próprio sadismo, a paixão por matar ou desmembrar o que está vivo.

É claro, a fim de ficar rico ou famoso, os indivíduos devem ser muito ativos no sentido de atarefamento, mas não no sentido de "nascer dentro". Quando tenham conseguido seu objetivo, é possível que fiquem "emocionados", "intensamente satisfeitos", sintam que atingiram o "auge". Mas que auge? Talvez um auge de excitamento, de satisfação, algo como um transe ou estado orgíaco. Mas podem ter chegado a esse estado movidos por paixões que, embora humanas, são, não obstante, patológicas, tanto mais que não conduzem a uma solução intrinsecamente adequada da condição humana. Tais paixões não levam à maior evolução humana nem à maior robustez; antes, pelo contrário levam à mutilação humana. Os prazeres do hedonista radical, a satisfação de sempre novas ambições, os prazeres da sociedade contemporânea, produzem diferentes graus de *excitação*. Mas não são conducentes à *alegria*. De fato, a falta de alegria torna necessário procurar sempre e cada vez mais novos prazeres excitantes.

Neste sentido, a sociedade moderna está na mesma situação dos hebreus há três mil anos passados. Falando ao povo de Israel sobre um dos seus piores pecados, disse Moisés: "Porquanto não serviste ao Senhor teu Deus com *alegria* e *bondade de coração*, não obstante a abundância de tudo" (Deuteronômio, 28:47). Alegria é o concomitante da atividade produtiva. Não se trata de um estado de êxtase, que chega a um ponto e termina subitamente, mas se parece mais com um planalto, um sentimento que acompanha a manifestação produtiva das nossas próprias faculdades essenciais. Alegria não é o êxtase ardente de um instante. Alegria é a luz sem chama que acompanha o ser.

Prazer e excitamento conduzem à tristeza depois que o auge foi atingido; porque a excitação foi experimentada, mas o vaso não aumentou. As nossas forças íntimas não aumentaram. Tentamos romper a monotonia da atividade improdutiva e por um momento reunimos todas as nossas energias — exceto a razão e o amor. Tentamos transformar-nos em super-homens, sem sermos humanos. Tivemos a impressão de o ter conseguido no momento do triunfo, mas o triunfo é seguido de profunda tristeza: porque nada mudou dentro de nós. O dito "depois do coito o animal entristece" (*Post coitum animal triste est*) exprime o mesmo fenômeno em relação ao sexo sem amor, que é o auge da experiência de excitação intensa, daí emocionante e prazerosa, e necessariamente seguida de desapontamento com o seu término. Alegria, no sexo, só é sentida quando a intimidade física é ao mesmo tempo a intimidade do sentimento de amor.

Como é natural, a alegria deve desempenhar um papel central naqueles sistemas religiosos e filosóficos que proclamam o *ser* como meta da vida. O budismo, embora rejeitando o prazer, concebe um estado de Nirvana como estado de alegria, que se manifesta nos relatos e quadros da morte de Buda. (Sou grato ao falecido D. T. Suzuki por ter chamado minha atenção para isso num famoso quadro da morte de Buda.)

O Velho Testamento e a tradição judaica subseqüente, embora advertindo contra os prazeres decorrentes da satisfação da cupidez, vêem na alegria o estado de espírito que acompanha o ser. O Livro dos Salmos termina com uma coleção de cinqüenta salmos que são um grande hino de alegria, e os salmos dinâmicos começam com temor e tristeza e terminam com alegria e prazer.* O *sabbath* é o dia de alegria, e nos tempos messiânicos a alegria será o estado de espírito dominante. A literatura profética está cheia de expressões de alegria em passagens como estas: "Então a virgem se alegrará na dança, e também os jovens e velhos; tornarei o seu pranto em júbilo e os consolarei; transformarei em regosijo a sua tristeza" (Jeremias, 31:13) e "Vós com alegria tirareis águas das fontes da salvação" (Isaías, 12:3). Deus chama Jerusalém de "a cidade do meu folguedo" (Jeremias, 49:25).

* Analisei esses salmos em *Vós Sereis como Deuses*.

Verificamos a mesma ênfase no Talmud: "A alegria de um *mitzvah* [cumprimento de um dever religioso] é o único meio de obter o espírito santo" (Beracoce, 31:a). A alegria é considerada tão fundamental que, de acordo com a lei talmúdica, o luto por um parente próximo, cuja morte tenha ocorrido menos de uma semana antes, deve ser interrompido pela alegria do sábado.

O movimento hasídico, cujo lema "Serve a Deus com alegria", era um versículo dos salmos, criou uma forma de viver na alegria que era um dos seus elementos mais importantes. Tristeza e depressão eram considerados indícios de erro espiritual, senão pecado ostensivo.

No desenvolvimento cristão, o próprio nome dos evangelhos — Notícias *alvissareiras** — exibe o lugar central da satisfação e alegria. No Novo Testamento, a alegria é fruto do abandono das posses, enquanto a tristeza é o estado de espírito de quem depende do que possui (Veja-se, por exemplo, Mateus, 13:14 e 19:22). Em muitos dos pronunciamentos de Jesus a alegria é concebida como um concomitante da vida no modo ser. Em seu último sermão aos apóstolos, Jesus fala da alegria em forma definitiva: "Tenho-vos dito essas coisas para que o meu gozo esteja em vós, e o vosso gozo seja completo" (João, 15:11).

Como mencionamos antes, também em Mestre Eckhart a alegria desempenha papel supremo em seu pensamento. A passagem seguinte é uma das mais belas expressões poéticas da noção de poder criativo, gozo e alegria: "Quando Deus ri da alma e a alma ri para Deus, as pessoas da Trindade são geradas. Falando em hipérbole, quando o Pai ri para o filho e o filho ri para o Pai, quem ri dá prazer, aquele prazer dá alegria, aquela alegria dá amor e o amor dá as pessoas [da Trindade] das quais o Espírito Santo é uma" (Blakney, p. 245).

Spinoza concede um lugar supremo à alegria em seu sistema ético-antropológico. "A alegria", diz ele, "é a passagem de um homem de uma perfeição menor a uma perfeição maior. A tristeza é a passagem de um homem de uma perfeição maior a uma perfeição menor" (*Ética*, 3, definições 2 e 3).

Os enunciados de Spinoza serão mais plenamente compreendidos se os colocarmos no contexto de todo o seu sistema de idéias. A fim de não decair, devemos empenhar-nos para nos aproximar do "modelo de natureza humana", isto é, devemos ser livres na justa medida, sensatos, ativos. Devemos nos converter

* Tradução literal do grego *eu angélionon*. (N. do T.)

no que podemos ser. Isso deve ser compreendido como o bem que é potencialmente inerente à nossa natureza. Spinoza entende por "bem" "tudo o de que estamos certos ser meio pelo qual possamos nos aproximar cada vez mais do modelo de natureza humana que temos diante de nós"; ele entende por "mal", "pelo contrário... tudo o que nos dificulta atingir aquele modelo" (*Ética*, 4, Prefácio). A alegria é um bem; o desgosto (*tristitia*, melhor traduzido como "tristeza", "melancolia") é um mal. Alegria é virtude; tristeza é pecado.

A alegria, portanto, é aquilo que sentimos no processo de nos aproximar cada vez mais da meta de sermos nós mesmos.

Pecado e Perdão

Em sua acepção clássica no pensamento judaico e cristão, o pecado é essencialmente idêntico à *desobediência* à vontade de Deus. Isso aparece manifestamente na fonte comumente afirmada do pecado original: a desobediência de Adão. Na tradição judaica, esse ato não era compreendido como pecado "original", que todos os descendentes de Adão herdaram, como na tradição cristã, mas tão-somente o *primeiro* pecado — não necessariamente presente nos descendentes de Adão.

Contudo, o elemento comum é a opinião de que a desobediência aos mandamentos de Deus *é* pecado, sejam que mandamentos forem. Isso não é de surpreender, se tivermos em mente que a imagem de Deus naquela parte da história bíblica é a de uma autoridade severa, tendo como modelo a função de um dos reis orientais. Também não admira, se considerarmos que a Igreja, quase desde o início, ajustou-se a uma ordem social que, ora no feudalismo e depois no capitalismo, exigia, para seu funcionamento, estrita obediência às leis pelos indivíduos, tanto as leis que atendam aos seus verdadeiros interesses como as demais que não os atendam. Pouca diferença faz para o fulcro da questão o quanto fossem opressivas ou liberais essas leis, bem como os meios para fazê-las cumprir: deve-se aprender a temer a autoridade, e não apenas na pessoa dos funcionários "encarregados de fazer cumprir as leis" porque tenham armas. Esse temor não é garantia suficiente para o funcionamento adequado do Estado; o cidadão deve assumir esse medo e transformar a obediência numa categoria moral e religiosa: pecado.

Respeitam-se as leis não apenas porque se tenha medo, mas também nos sentimos culpados por sua desobediência. Esse sentimento de culpa só pode ser vencido mediante o perdão que só a própria autoridade pode conceder. As condições para esse perdão são: o pecador se arrepende, é punido, e pela aceitação do castigo de novo se submete. A seqüência pecado (desobediência) → sentimento de culpa → nova submissão (castigo) → perdão, é um círculo vicioso, tanto mais que cada ato de desobediência leva a desobediência maior. Só uns poucos não são assim intimidados. Prometeu é seu herói. A despeito do mais cruel castigo que Zeus lhe inflinge, Prometeu não se submete, nem se sente culpado. Ele sabia que, ao roubar o fogo dos deuses e doá-lo aos seres humanos, fazia um ato de solidariedade; ele havia sido desobediente, mas não havia pecado. Ele tinha rompido a equação entre desobediência e pecado, como tantos outros amorosos heróis (mártires) da espécie humana.

Não obstante, a sociedade não é constituída de heróis. Enquanto as mesas forem postas apenas para uma minoria, e a maioria tenha de servir aos propósitos dessa minoria e satisfazer-se com os restos do festim, terá de ser cultivado o sentido de desobediência e pecado. Igreja e Estado o cultivaram, e ambos agiram em conjunto, porque ambos tinham que proteger suas hierarquias. O Estado precisava de religião para ter uma ideologia que fundisse desobediência e pecado; a Igreja precisava de crentes a quem o Estado havia adestrado nas virtudes da obediência. Ambos valeram-se da instituição da família, cuja função era adestrar os filhos para obedecer desde o momento que lhes surgisse um lampejo de vontade própria (em geral, com o início dos hábitos de higiene). A vontade própria da criança tinha de ser quebrada a fim de prepará-la para seu desempenho adequado mais tarde como cidadão.

O pecado, no sentido convencional teológico e secular, é uma noção dotada de estrutura autoritária, e essa estrutura pertence ao modo ter de existência. Nosso centro humano não reside em nós mesmos, mas na autoridade a que nos submetemos. Não atingimos o bem-estar por nossa própria atividade produtiva, mas por obediência passiva e a subseqüente aprovação pela autoridade. *Temos* um líder (secular ou espiritual, rei, rainha ou Deus) em que *temos* fé; *temos* segurança... na medida em que não *sejamos* ninguém. Importa pouco que a submissão não seja necessariamente consciente, que seja suave ou severa, que a estrutura psíquica e social seja ou não autoritária ou apenas parcialmente; o que importa é que não fiquemos cegos ao fato de que *vivemos no modo ter na medida em que assumimos a estrutura autoritária de nossa sociedade.*

Como acentuou muito sucintamente Alfons Auer, o conceito de autoridade, desobediência e pecado, é humanista em Tomaz de Aquino: isto é, o pecado não é desobediência da autoridade insensata, mas a violação do *bem-estar* humano.* Assim é que Aquino pode declarar: "Deus jamais pode ser insultado por nós, exceto se agirmos contra o nosso próprio bem-estar" (*Summa contra gentiles*, 3, 122). Para avaliar essa posição, devemos considerar que, para Tomaz de Aquino, o bem humano (*bonum humanum*) nem é determinado arbitrariamente por desejos puramente subjetivos, nem por desejos instintivamente dados ("naturais", no sentido estóico), nem pela vontade arbitrária de Deus. É determinado por nossa compreensão racional da natureza humana e das normas que, baseadas nessa natureza, são conducentes ao nosso desenvolvimento e bem-estar ideais. (Tenha-se em mente que como filho obediente da Igreja e defensor da ordem social existente contra seitas revolucionárias, Tomaz de Aquino não podia ser um representante puro da ética não autoritária; seu emprego da palavra "desobediência" para ambos os tipos de desobediência servia para obscurecer a contradição intrínseca de sua posição.)

Embora o pecado como desobediência seja parte da estrutura autoritária e, portanto, da estrutura *ter*, tem um significado totalmente diferente na estrutura não autoritária, que se funda no modo *ser*. Esse outro significado, também, está implicado na história bíblica da queda, e pode ser compreendido mediante interpretação diferente daquela história. Deus colocou o homem no Jardim do Edem e advertiu-o para que não comesse do fruto da Árvore da Vida e da Árvore do Conhecimento do Bem e do Mal. Vendo que "não era bom que o homem estivesse só", Deus criou a mulher. Homem e mulher deviam tornar-se uma só carne. Ambos estavam nus, e "não se envergonhavam". Este trecho é em geral interpretado em termos de costumes sexuais convencionais, que presume, naturalmente, que um homem e uma mulher devessem envergonhar-se por terem os sexos descobertos. Mas dificilmente seria esse o conteúdo real do texto. Em nível mais profundo, essa passagem poderia implicar que, embora homem e mulher se defrontassem totalmente, não se envergonhariam, nem poderia

* O ensaio do Prof. Auer, (a quem agradeço por permitir a leitura dos originais), ainda inédito, sobre a autonomia da ética de acordo com Tomaz de Aquino, é muito valioso para a compreensão do conceito ético de Tomaz de Aquino. Veja-se também seu artigo sobre a questão "Será o Pecado um Insulto a Deus?" (Cf. Bibliografia).

acontecer isso, pois não se sentiam estranhos um ao outro, como indivíduos separados, mas como "uma só carne".

Essa situação pré-humana modifica-se radicalmente após a queda, quando homem e mulher tornam-se plenamente humanos, isto é, dotados de razão, com a consciência do bem e do mal, com a consciência de serem entes distintos, cônscios de que sua unidade original fora rompida e que se tornaram estranhos um ao outro. Eles estão juntos, e no entanto se sentem distintos e distanciados. Sentem a mais profunda vergonha, que é a vergonha de defrontar-se com um semelhante "desnudamente", e simultaneamente sentindo constrangimento mútuo, o indizível abismo que separa um do outro. "Fizeram para si aventais", tentando, desse modo, evitar o pleno encontro humano, a nudez em que se viam um ao outro. Mas a vergonha, como a culpa, não pode ser afastada pela ocultação. Eles não se chegaram um ao outro por amor; talvez se desejassem fisicamente, mas a união física não remedia a indiferença humana. Sua atitude um para com o outro revela que não se amavam: Eva não se empenha por defender Adão, e Adão tenta evitar o castigo denunciando Eva como a culpada, em vez de defendê-la.

Qual foi o pecado que eles cometeram? Foi o pecado de se defrontarem separados, isolados, seres humanos egoístas que não podem vencer sua separação no ato de união amorosa. Esse pecado está enraizado na própria existência humana. Sendo privados da harmonia original com a natureza, característica do animal cuja vida é determinada pelos instintos inerentes, e sendo dotados de razão e autoconsciência, não podemos suportar total separação de todos os demais seres humanos. Na teologia católica, esse estado de existência constituído de separação completa e alheiamento de um com relação ao outro, sem ligação pelo amor, é a definição de inferno. Ele é intolerável para nós. Temos que superar a tortura da separação absoluta de algum modo: pela submissão ou pela dominação, ou então pela tentativa de silenciar a razão e a consciência. Contudo, todos esses modos só têm êxito momentâneo, e obstruem o caminho para uma verdadeira solução. Só há um meio de nos salvarmos desse inferno: abandonar a prisão da nossa egocentricidade, procurarmos a nossa identificação com o mundo. Se a separação é o pecado cardeal, então o pecado é expiado no ato de amor. A própria palavra "expiação" * exprime essa noção, pois etimologicamente vem de "*atonement*", no termo medieval inglês designativo de união. Uma vez que o

---

* Em inglês, *atonement*. A palavra consiste da junção de três outras: *at*, *one* e *ment* e, literalmente, significa *unidamente* (N. do T.).

pecado de separação não é um ato de desobediência, não precisa ser *perdoado*. Mas tem que ser realmente *expiado*; e o amor, e não a aceitação do castigo, é o fator expiatório.

Rainer Funk fez-me observar que o conceito de pecado como desunião foi expresso por alguns dos padres da Igreja, que seguiam o conceito não-autoritário de pecado, pregado por Jesus, e sugeriu-me os exemplos seguintes (extraídos de Henri de Lubac): Diz Orígenes: "Onde há pecados há diversidade. Mas onde domina a virtude, há união, há identidade." Maximus Confessor diz que pelo pecado de Adão a espécie humana "que devia ser um todo harmonioso e sem conflito entre o meu e o teu, foi transformada numa nuvem de poeira de indivíduos". Idéias semelhantes com respeito à destruição da unidade original em Adão podem também encontrar-se nas idéias de Santo Agostinho, e, como observa o Prof. Auer, nos ensinamentos de Tomaz de Aquino. Diz Lubac, resumindo: "Como obra de 'restituição' (*Wiederherstellung*), o fato da salvação parece necessário como reobtenção da identidade perdida, como a restituição da identidade sobrenatural com Deus e ao mesmo tempo a identidade dos homens entre si" (tradução minha; veja-se também "O Conceito de Pecado e Arrependimento", em *Sereis como Deuses*, para um exame de todo o problema do pecado).

Em suma, o modo ter, e portanto na estrutura autoritária, o pecado é desobediência e é superado pelo arrependimento → castigo → renovada submissão. No modo ser, na estrutura não-autoritária, o pecado é alheiamento não dissipado, e é superado pelo pleno desdobramento da razão e do amor, pela *re*-união.

Pode-se, de fato, interpretar a história da Queda de ambos os modos, porque a história em si é um misto de elementos autoritários e libertadores. Mas em si mesmos, os conceitos de pecado como, respectivamente, desobediência e alienação são diametralmente opostos.

A Torre de Babel, cuja história se encontra no Velho Testamento, parece conter a mesma noção. A espécie humana chegou a um estado de união, simbolizado pelo fato de que todos os homens falavam uma só língua. Por sua própria ambição pelo poder, por desejarem ardorosamente *ter* a grande torre, o povo destrói sua unidade e fica desunido. Em certo sentido, a história da Torre é a segunda queda, o pecado da humanidade histórica. A história complica-se pelo receio que Deus tem da união do povo e do poder daí decorrente. "Eis que o povo é um, e todos têm a mesma linguagem. Isso é apenas o começo: agora não haverá restrição para tudo que intentam fazer. Vinde, desçamos, e confundamos ali a sua linguagem, para que um não entenda a linguagem do outro" (Gênesis, 11: 6-7). É claro, a mesma dificuldade existe já na história da Queda; também lá Deus teme o poder do homem e da mulher, que obterão se comerem do fruto de ambas as árvores.

Medo de Morrer — Afirmação do Viver

Como anteriormente expusemos, o medo que temos de perder nossos bens é uma conseqüência inevitável do sentido de segurança baseado naquilo que possuímos. Desejo aprofundar um pouco mais essa noção.

Pode ser possível que não nos apeguemos à *propriedade* e, portanto, não temamos perdê-la. Mas que dizer-se de perder a própria vida — o medo de morrer? Será apenas um receio que têm as pessoas idosas ou os doentes? Ou será que todos têm medo de morrer? Deverá, o fato de que estamos destinados a morrer, permear toda a nossa vida? Deverá aumentar o medo da morte e tornar-se mais intenso e mais consciente apenas quando nos aproximamos do limite da vida pela idade ou doença?

Faltam-nos amplos estudos sistemáticos por psicanalistas que tenham investigado esse fenômeno desde a infância até a velhice e que tratem das manifestações conscientes e inconscientes do medo de morrer. Esses estudos não devem restringir-se a casos individuais; eles poderiam examinar amplos grupos, valendo-se dos métodos existentes de sociopsicanálise. Uma vez que não existem ainda esses estudos, devemos tirar conclusões aproximadas a partir de dados esparsos.

Talvez o dado mais significativo seja o desejo profundamente arraigado de imortalidade que se manifesta em muitos rituais e crenças com o propósito de conservar o corpo humano. Por outro lado, a moderna negação especificamente norte-americana da morte mediante "embelezamento" do corpo equivale igualmente à repressão do medo de morrer mediante simplesmente o disfarce da morte.

Existe um modo só — ensinado por Buda, por Jesus, pelos estóicos, por Mestre Eckhart — de verdadeiramente vencer o medo da morte e que consiste em *não se apegar à vida, não sentir a vida como uma propriedade.* O medo de morrer não é verdadeiramente o que parece ser: o medo de parar de viver. Dizia Epicuro: "A morte não nos preocupa, visto que, enquanto estamos vivos ela não está aqui; mas quando a morte estiver aqui, já não mais estaremos" (Diógenes Laércio). Certamente, deve haver o medo do sofrimento e da dor que podem preceder a morte, mas esse medo é diferente do medo da morte. Embora o medo de morrer possa dessa maneira parecer insensato, não o será se a vida for sentida como uma propriedade. O medo, então, não é de morrer, mas de *perder o que temos*: o medo de perder nosso corpo, nosso eu, nossas posses, e nossa identidade; o medo de enfrentar o abismo da inidentidade, de "estar perdido".

Na medida em que vivamos no modo ter, devemos recear a morte. Nenhuma explicação sensata afastará esse temor. Mas ele pode ser diminuído, mesmo na hora da morte, por nossa reafirmação de nosso destino de viver, por uma resposta ao amor dos outros que pode acender o nosso. Perder nosso medo de morrer não deve começar como uma preparação para a morte, mas como um esforço continuado para *reduzir o modo ter e aumentar o modo ser*. Como diz Spinoza, o sábio de que menos se ocupa é da morte; seu pensamento só se dirige para a vida.

O conselho quanto a como morrer é, de fato, o mesmo quanto a como viver. Quanto mais nos desfizermos do anseio de possuir, sob todas as suas formas, sobretudo nossa tendência egoísta, menos forte será o medo de morrer, visto que nada teremos a perder. *

Aqui, Agora — Passado, Futuro

O modo ser existe apenas no aqui e agora (*hic et nunc*). O modo ter existe apenas no tempo: passado, presente e futuro.

No modo ter, tendemos a nos apegar ao que acumulamos no *passado*: dinheiro, terra, fama, posição social, conhecimento, filhos, lembranças. Pensamos no passado, e sentimos, ao *rememorar* sentimentos (ou o que parece serem sentimentos) do passado. (Esta é a essência do sentimentalismo). *Somos* o passado; podemos dizer: "sou o que eu era".

O *futuro* é a antecipação do que se tornará passado. É vivido no modo ter como o é o passado e se exprime quando dizemos: "esta pessoa *tem* futuro", indicando que a pessoa *terá* coisas, embora atualmente não as tenha. O anúncio da Ford "Há um Ford em seu futuro" acentuava *ter* no futuro, assim como certas transações em que se compra ou vende "futuras mercadorias". A experiência fundamental de ter é a mesma, referindo-se ao passado ou ao futuro.

---

* Limito esta análise ao medo de morrer, e não entro na discussão de um problema insolúvel: a dor que nossa morte pode causar àqueles que nos amam.

O *presente* é o ponto de junção de passado e futuro, uma fronteira no tempo, mas não diferente em qualidade dos dois reinos que ele liga.

Ser não se situa necessariamente fora do tempo, mas o tempo não é a dimensão que governa o ter. O pintor tem a ver com as cores, telas, pincéis; o escultor lida com pedra e cinzel. No entanto, seu ato criador, sua "visão" do que irão criar, transcende o tempo. Ocorre num lampejo, ou em muitos lampejos, mas o tempo não é vivido na visão. O mesmo acontece com os pensadores. Redigir as idéias dá-se no tempo, mas concebê-las é um fato criativo intemporal. E é isso mesmo que ocorre com toda manifestação do ser. A experiência do amor, da alegria, da apreensão da verdade, não ocorre no tempo, mas aqui e agora. O *aqui* e *agora é eternidade*, isto é, atemporalidade. Mas a eternidade não significa tempo infinitamente estendido, como popularmente e de modo equivocado se entende.

Entretanto, deve-se fazer uma importante exceção com respeito ao relacionamento com o passado. Nossa referência aqui foi quanto a recordar o passado, pensá-lo, ruminar sobre ele; neste modo de *ter* o passado, ele está morto. Mas podemos também trazer o passado à vida. Podemos vivenciar uma situação do passado com o mesmo frescor como se ele tivesse ocorrido aqui e agora; isto é, podemos recriar o passado, trazê-lo à vida (ressuscitar o morto, simbolicamente falando). Na medida em que fazemos isso, o passado deixa de ser passado; ele *é* aqui e agora.

Podemos também vivenciar o futuro como se ele fosse aqui e agora. Isso ocorre quando o estado futuro é tão plenamente antecipado em nossa experiência que só se torna futuro "objetivamente", isto é, no fato externo, mas não na experiência subjetiva. Essa é a natureza do verdadeiro pensamento utópico (em contraste com o devaneio utópico); é a base da fé autêntica, que não precisa de concretização externa "no futuro" a fim de tornar sua experiência real.

Toda a noção de passado, presente e futuro, isto é, de tempo, entra em nossas vidas graças à experiência corpórea: a duração limitada de nossa vida, a exigência permanente de cuidado com o nosso corpo, a natureza do mundo concreto de que temos de nos valer para nos mantermos. De fato, não podemos viver na eternidade; sendo mortais, não podemos ignorar o tempo, nem escapar dele. A sucessão de noite e dia, sono e vigília, crescer e envelhecer, a necessidade de nos mantermos e de nos defender, todos esses fatores obrigam-nos a *respeitar* o tempo se quisermos viver, e nossos corpos fazem com que queiramos viver. Mas respeitar o tempo é uma coisa; submeter-se a ele é coisa diferente. No modo ser, nós respeitamos o tempo, mas não nos submetemos a ele. Mas esse respeito pelo tempo converte-se em submissão quando predomina o modo ter. Nesse modo de existência, não apenas as coisas são coisas, mas tudo o que é vivo transforma-se em coisa. No modo ter, o tempo passa a ser nosso dominador. No modo ser, ele é destronado, não mais é o ídolo que governa a nossa vida.

Na sociedade industrial, o tempo reina soberano. O atual modo de produção exige que cada ato seja rigorosamente cronometrado. Não só a interminável esteira da linha de montagem, mas em sentido menos rude, a maioria de nossas atividades obedece à norma do tempo. Além do mais, o tempo não é apenas tempo, "é dinheiro". A máquina deve ser usada ao máximo; portanto, a máquina força o andamento ao trabalhador.

Através da máquina, o tempo veio a ser o nosso tirano. Só em horas de lazer parece termos alguma escolha. Entretanto, em geral organizamos nosso tempo de lazer à maneira como organizamos nosso trabalho. Ou então nos rebelamos contra a tirania do tempo, tornando-nos completamente preguiçosos. Ao nada fazermos, senão desobedecer as exigências do tempo, temos a ilusão de sermos livres, quando, de fato, somos apenas libertos condicionais da prisão do tempo.

Terceira Parte

O NOVO HOMEM E A NOVA SOCIEDADE

VII

Religião, Caráter e Sociedade

A tese exposta neste capítulo é de que a mudança social interatua juntamente com uma transformação no caráter social; que impulsos "religiosos" contribuem com a energia necessária para motivar homens e mulheres na realização de drástica mudança social e que, portanto, uma nova sociedade só pode ser ensejada se profunda transformação ocorrer no coração humano — se um novo objeto de devoção tomar o lugar do atualmente existente. *

As Bases do Caráter Social

O ponto de partida dessas reflexões é a tese de que a estrutura de caráter do indivíduo mediano e a estrutura socioeconômica da sociedade a que ele ou ela pertence são interdependentes. Designo por *caráter social* o produto da mistura da esfera psíquica e da estrutura socioeconômica. (Há muitos anos, em 1932, eu empregava a expressão "estrutura libidinosa da sociedade" para designar este fenômeno.) A estrutura socioeconômica da sociedade modela o caráter social de seus membros de modo a que eles *desejem* fazer o que *têm* de fazer. Ao mesmo tempo, o caráter social influi na estrutura socioeconômica da sociedade, atuando como cimento para dar maior estabilidade à estrutura social ou, em circunstâncias especiais, como dinamite tendente a explodir a estrutura social.

---

* Este capítulo apóia-se sobretudo em dois livros anteriores: *O Medo à Liberdade* (1941) e *Psicanálise e Religião* (1950), em ambos os quais citei os livros mais importantes na vasta bibliografia sobre este tema.

Caráter Social e Estrutura Social

A relação entre caráter social e estrutura social jamais é estática, visto que ambos os elementos na relação constituem processos incessantes. Uma mudança em qualquer dos dois fatores significa mudança em ambos. Não poucos revolucionários políticos acreditam que devamos primeiro transformar radicalmente a estrutura política e econômica; depois, como segundo e quase inevitável passo, a mente humana também se transformará. Acreditam que a nova sociedade, uma vez estabelecida, produzirá como que automaticamente o novo ser humano. Não percebem que a nova elite, motivada que está pelo mesmo caráter da sociedade anterior, tenderá a recriar as condições da antiga sociedade nas novas instituições sociopolíticas que a revolução instaurou; que a vitória da revolução será sua derrota como revolução — embora não como fase histórica que abriu o caminho para o desenvolvimento socioeconômico que era obstado em seu pleno desenvolvimento. As revoluções francesa e russa são exemplos disso. Vale notar que Lênin, que não acreditava que a qualidade de caráter fosse importante para a função revolucionária de uma pessoa, mudou drasticamente de opinião no último ano de sua vida, quando agudamente percebeu os defeitos de caráter de Stalin e recomendou, em seu testamento, que devido a esses defeitos Stalin não se tornasse seu sucessor.

No outro lado estão os que alegam que primeiro a natureza dos seres humanos deve mudar — sua consciência, seus valores, seu caráter — e que só então uma sociedade verdadeiramente humana pode ser edificada. A história da espécie humana demonstra estarem equivocados. A transformação puramente psicológica sempre permaneceu no âmbito individual e restringiu-se a pequenos oásis, ou foi totalmente ineficaz toda vez que a pregação de valores espirituais combinou-se com a prática de valores opostos.

Caráter Social e Necessidades "Religiosas"

O caráter social tem ainda uma função significativa além daquela de atender às necessidades da sociedade de certo tipo de caráter e de satisfazer as exigências comportamentais condicionadas pelo caráter do indivíduo. O caráter social deve satisfazer quaisquer necessidades religiosas inerentes aos seres humanos. Devo esclarecer que "religião", tal como emprego aqui o termo, não se refere a um sistema que tenha necessariamente a ver com a noção de Deus ou com ídolos, ou mesmo com um sistema tido como religioso; valho-me do termo "religião" para designar *qualquer sistema grupalmente partilhado de pensamento e ação, que ofereça ao indivíduo um esquema de orientação e um objeto de devoção.* Na verdade, nesse amplo sentido da expressão, nenhuma cultura do passado e do presente pode ser considerada como não tendo religião, não havendo razão para supor que no futuro venha a ser diferente.

Essa definição de "religião" nada nos diz sobre o seu conteúdo específico. Ela implica a possibilidade de que se possa adorar animais, árvores, ídolos de ouro ou pedra, um deus invisível, uma pessoa santa ou um líder diabólico; não exclui a adoração dos antepassados, da nação, da classe ou partido, do dinheiro ou do sucesso. A religião assim concebida pode ser conducente ao aparecimento da destrutividade ou do amor, da dominação ou da solidariedade; pode estimular o poder da razão ou paralisá-la. Pessoas que tenham esse tipo de religião podem estar cônscias de seu sistema como sendo religioso, diferente daqueles do domínio secular, ou podem pensar que não têm religião alguma, e interpretar sua devoção a certos fins seculares confessos, tais como o poder, o dinheiro ou o sucesso, como seu único interesse para o que é prático e vantajoso. Não se trata de que seja *religião ou não*, mas *que tipo de religião* — que favoreça ao desenvolvimento humano, a manifestação de forças especificamente humanas, ou, pelo contrário, paralise a evolução humana.

Uma religião específica, desde que seja eficaz na motivação da conduta, não é um acervo de doutrinas e crenças; ela tem raízes na estrutura específica de caráter do indivíduo e, na medida em que religião de um grupo, também no caráter social. Assim sendo, nossa atitude religiosa pode ser considerada um aspecto de nossa estrutura de caráter, visto que *somos aquilo a que nos dedicamos, e aquilo a que nos dedicamos é o que motiva a nossa conduta.* Não raro, porém, nem mesmo as pessoas estão conscientes dos reais objetivos de sua devoção pessoal e confundem suas crenças "oficiais" com sua religião *secreta.* Se, como pode ser o caso, uma pessoa adora o poder, embora professando uma religião do amor, a religião do poder é a sua seita secreta, enquanto sua religião oficial, cristianismo, por exemplo, será apenas uma ideologia.

A necessidade religiosa é parte integrante das condições básicas da existência da *espécie* humana. Nossa espécie é peculiar, assim como a espécie chipanzé, cavalar ou da andorinha. Cada espécie é definida por apresentar características fisiológicas e anatômicas específicas. Há um consenso generalizado quanto à espécie humana em termos biológicos. Sugeri que a espécie humana — isto é, a natureza humana — pode também ser definida *psiquicamente*. Na evolução biológica do reino animal, a espécie humana surge quando se encontram duas tendências na evolução animal. Uma dessas tendências é *a determinação sempre menos poderosa do comportamento pelo instinto* ("instinto" é tomado, no caso, como impulso orgânico, e não no sentido em que exclua aprendizado). Mesmo tomando em consideração as muitas opiniões controvertidas sobre a natureza dos instintos, admite-se, em geral, que o animal superior tenha surgido nos estágios da evolução na medida em que sua conduta tenha sido menos determinada pelos instintos programados filogeneticamente.

O processo da determinação sempre decrescente da conduta pelos instintos pode ser traçado como um *continuum*, em cuja extremidade zero encontramos as mais inferiores formas de evolução animal com o mais elevado grau de determinação pelos instintos. Essa determinação decresce ao longo da evolução animal e atinge certo nível com os mamíferos; decresce ainda mais até chegar aos primatas, e mesmo no caso, verificamos grande abismo entre certas espécies de macacos (como R. M. Yerkes e A. V. Yerkes demonstraram em sua pesquisa clássica, 1929). Na espécie *Homo*, a determinação instintiva atingiu o mínimo.

Outro traço verificado na evolução animal é *o crescimento do cérebro, sobretudo do neo-córtex*. Também quanto a isso podemos traçar uma linha contínua de evolução: numa das extremidades encontram-se os animais ínfimos, com a estrutura nervosa mais primitiva e número relativamente pequeno de neurônios; na outra, o *Homo sapiens*, dotado de estrutura cerebral maior e mais complexa, sobretudo o neo-córtex três vezes maior que o dos nossos antepassados primatas, e um número verdadeiramente fantástico de ligações interneuroniais.

Tendo em vista esses dados, a espécie humana pode ser definida como o primata que surgiu ao ponto de evolução em que a determinação instintiva atingiu o mínimo e o desenvolvimento do cérebro chegou ao máximo. Essa combinação de mínima determinação instintiva e máximo desenvolvimento cerebral jamais havia ocorrido na evolução animal e constitui, biologicamente falando, um fenômeno completamente novo.

Faltando-lhe a capacidade de agir pelo comando de instintos, ao mesmo tempo em que dotado da capacidade de consciência, raciocínio e imaginação — novas qualidades que vão além da capacidade de pensamento instrumental inclusive dos primatas mais astutos — a espécie humana precisava de uma *estrutura de orientação* e um *objeto de devoção* a fim de sobreviver.

Sem um roteiro de nosso mundo natural e social — um quadro do mundo e do nosso lugar nele, dotado de estrutura e de coesão íntima — os seres humanos estariam confusos e incapazes de agir com propósito e consistentemente, porque não haveria modo de orientar-se, de achar um ponto fixo que permitisse organizar todas as impressões que se imprimem em cada indivíduo. Nosso mundo tem sentido para nós, e sentimo-nos certos quanto a nossas idéias, mediante consenso com as demais pessoas à nossa volta. Mesmo que o roteiro seja errado, preenche suas funções psicológicas. Mas o roteiro nunca foi totalmente errado — nem foi totalmente certo. Tem sido sempre uma aproximação suficiente para explicação dos fenômenos que atendem aos propósitos da vida. Apenas ao ponto em que a *prática* da vida seja isenta de suas contradições e de sua irracionalidade pode o roteiro corresponder à realidade.

Fato impressionante é que não se tenha encontrado qualquer cultura em que não exista esse esquema de orientação. Nem indivíduo destituído dela. Pode ser que alguém alegue não ter esse quadro geral e acredite que reaja aos vários fenômenos e incidentes da vida em cada oportunidade que se apresente, julgando ao acaso das circunstâncias. Mas pode-se facilmente demonstrar que o simples fato de adotarem esse modo de ver sem maiores discussões é que para eles isso constitui o bom senso, embora não se apercebam de que todos os seus conceitos se apóiam num esquema de referência tacitamente admitido. Quando tais pessoas se defrontam com uma filosofia de vida fundamentalmente diferente, julgam-na "louca", "irracional", "infantil", enquanto consideram-se a si mesmos como os únicos "lógicos". A profunda necessidade de um esquema de referência evidencia-se sobretudo nas crianças. A certa altura de seu desenvolvimento, as próprias crianças elaboram sua própria estrutura de orientação de um modo engenhoso, valendo-se dos poucos dados à sua disposição.

Mas um roteiro não basta como guia para a ação; precisamos também de uma meta que nos diga aonde ir. Os animais não têm absolutamente problema desse tipo. Seus instintos dotam-nos do roteiro e das metas. Quanto a nós, porém, faltando-nos determinação instintiva e tendo um cérebro que nos permita ponderar as muitas alternativas do nosso rumo, precisamos de um objeto de total devoção, um ponto de enfoque a que se dirijam todos os nossos empenhos e que seja base de todos os nossos valores positivos — não apenas dos valores proclamados. Necessitamos desse objeto de devoção a fim de integrar nossas energias num sentido, a fim de ultrapassar nossa existência singular, com todas as suas dúvidas e inseguranças, e para responder à nossa necessidade de um significado para a vida.

Estrutura socioeconômica, estrutura de caráter e estrutura religiosa são inseparáveis uma das outras. Se o sistema religioso não corresponde ao caráter social vigente, se ele entra em conflito com a prática da vida social, não passa de uma ideologia. Temos que penetrar além dele para ter a *real* estrutura religiosa, muito embora possamos não estar cônscios dela como tal — a menos que as energias humanas inerentes à estrutura religiosa de caráter atuem como dinamite e apresentem tendência a abalar as condições socioeconômicas dadas. Contudo, como há sempre exceções individuais ao caráter social dominante, há também exceções individuais ao caráter religioso dominante. Há, não raro, os líderes de revoluções religiosas e os fundadores de novas religiões.

A orientação "religiosa", como o núcleo vivencial de todas as religiões "elevadas" tem sido quase sempre subvertida no desenvolvimento dessas religiões. Não importa o modo como os indivíduos conscientemente concebam sua orientação pessoal; eles podem ser "religiosos" sem se considerar como tais — ou podem ser irreligiosos, embora considerando-se cristãos. Não temos uma expressão verbal para denotar o conteúdo *vivencial* da religião, a não ser por seu aspecto conceptual e institucional. Daí empregarmos aspas para nos referir ao "religioso" na orientação *vivencial* subjetiva, seja qual for a estrutura conceptual em que a "religiosidade" da pessoa se exprima.*

Será Cristão o Mundo Ocidental?

De acordo com os livros de história e a opinião da maioria das pessoas, a conversão da Europa ao cristianismo ocorreu primeiro no seio do Império Romano sob Constantino, seguindo-se a conversão dos pagãos no Norte da Europa por Bonifácio, o "Apóstolo dos Germanos", e outros no século VIII. *Mas a Europa terá sido de fato cristianizada?*

Não obstante a resposta afirmativa em geral dada a essa questão, uma análise mais acurada demonstra que a conversão da Europa ao cristianismo constituiu-se num fracasso geral. O

* Ninguém tratou melhor do tema da experiência religiosa atéia que Ernst Bloch (1972).

máximo de que se pode falar é de uma limitada conversão ao cristianismo ocorrida no século XII ao século XVI, e que nos séculos anteriores e posteriores a esse período a conversão foi, na maior parte, a uma ideologia e a uma submissão mais ou menos séria à Igreja; não significou uma mudança de sentimentos, isto é, de estrutura de caráter, a não ser quanto a numerosos movimentos verdadeiramente cristãos.

Naqueles quatro séculos, a Europa começou a ser cristianizada. A Igreja empenhou-se em impor a aplicação dos princípios cristãos mediante o controle da propriedade, dos preços e no amparo aos pobres. Muitos líderes e seitas parcialmente heréticos surgiram, em geral sob influência do misticismo, exigindo o retorno aos princípios do Cristo, inclusive a condenação da propriedade. O misticismo, culminando com Mestre Eckhart, desempenhou um papel decisivo no movimento humanístico antiautoritário e, não por acaso, as mulheres tornaram-se proeminentes como professores e como estudantes místicos. As idéias de uma religião mundial ou de uma simples cristandade não-dogmática eram proclamadas por muitos pensadores cristãos; a própria idéia do Deus da Bíblia tornou-se discutível. Em sua filosofia e utopia, os humanistas teológicos e não-teológicos do Renascimento prosseguiram na linha do século XIII, e, de fato, entre a Idade Média Superior (O "Renascimento Medieval") e o Renascimento propriamente dito, não existe uma nítida linha divisória. Para mostrar o espírito desses Renascimentos, cito Frederick B. Artz em seu quadro sucinto:

> "Na sociedade, os grandes pensadores medievais sustentavam que todos os homens são iguais diante de Deus e que mesmo o mais humilde tem um valor infinito. Em economia, ensinavam que o trabalho é fonte de dignidade, e não de degradação, que nenhum homem deve ser utilizado para fins independentes de seu bem-estar, e que a justiça devia determinar salários e preços. Em política, ensinavam que a função do Estado é moral, que a lei e sua administração deviam estar imbuídas das idéias cristãs de justiça, e que as relações de governante e governado deviam fundar-se sempre em obrigação recíproca. Estado, propriedade e família são encargos de Deus a quem os controlam, e devem ser utilizados para concretizar os propósitos divinos. Finalmente, o ideal medieval incluía a firme fé em que todas as nações e povos são parte de uma grande comunidade. Como disse Goethe, 'acima das nações está a humanidade', ou como escreveu Edith Cavell, em 1915, à margem de sua *Imitação de Cristo* na noite anterior à sua execução, 'patriotismo não basta'."

De fato, se a história européia tivesse continuado no espírito do século XIII; se tivesse desenvolvido o espírito de conhecimento científico e individualismo, lentamente e de modo evolucionário, poderíamos estar agora numa situação privilegiada. Mas a razão começou a deteriorar-se em inteligência manipulativa, e o individualismo em egoísmo. O curto período de cristianização terminou e a Europa retornou ao seu paganismo original.

Embora os conceitos possam diferir, uma crença define qualquer ramo do cristianismo: a crença em Jesus Cristo como o Salvador da humanidade, que deu sua vida pelo amor de seus semelhantes. Ele foi um herói do amor, um herói sem poder, que não empregou a força, que não queria governar, que não queria possuir *nada*. Foi um herói do ser, do dar, do participar. Essas qualidades constituíam profundo atrativo para os romanos pobres, bem como para alguns ricos, que tiveram abalado o seu egoísmo. Jesus apelava para os sentimentos das pessoas, muito embora, do ponto de vista intelectual fosse considerado no mínimo como um ingênuo. Essa crença no herói do amor conquistou centenas de milhares de adeptos, muitos dos quais mudaram seu modo de vida, tornaram-se mártires em defesa da fé.

O herói cristão era o mártir, pois na tradição judaica a mais elevada realização era dar a própria vida por Deus ou por seus semelhantes. O mártir é exatamente o oposto do herói pagão personificado nos heróis gregos e germânicos. O objetivo do herói era a conquista, ser vitorioso, destruir, pilhar; sua satisfação na vida era o orgulho, o poder, a fama e a perícia superior em matar (Santo Agostinho comparara a história romana à de um bando de salteadores). Para o herói pagão, o valor de um homem jaz em suas proezas para atingir e empolgar o poder, e ele alegremente morria no campo de batalha no momento da vitória. A *Ilíada* de Homero é a descrição majestosamente poética de gloriosos conquistadores e ladrões. Enquanto as características do mártir são o *ser*, o dar, o participar, as do herói são o *ter*, explorar, forçar. (Deve-se acrescentar que a constituição do herói pagão está relacionada com a vitória patriarcal sobre a sociedade matriarcal. A dominação da mulher pelo homem é o primeiro ato de conquista e o primerio emprego da força no sentido da exploração do semelhante; em todas as sociedades patriarcais depois da vitória dos homens, esses princípios tornaram-se a base do caráter dos homens.)

Quais desses dois modelos opostos e irreconciliáveis prevalece ainda na Europa para o nosso desenvolvimento? Se nos examinamos, se observamos o comportamento de quase todas as pessoas, de nossos líderes políticos, é inegável que nosso modelo do bom e valioso é o herói pagão. A história européia e norte-americana, a despeito de sua conversão à igreja cristã, é uma história de conquistas, orgulho, ambição; nossos valores superiores são ser mais fortes que os outros, ser vitoriosos, conquistar outros povos e explorá-los. Esses valores coincidem com o nosso ideal de "masculinidade": só é homem quem pode lutar e conquistar; quem quer que não seja forte no emprego da força é fraco, isto é, "emasculado".

Não é necessário descer a pormenores da crônica para demonstrar que a história da Europa é uma seqüência de conquistas, exploração, força e subjugação. Raramente se encontrará um período que não seja caracterizado por esses fatores, sem exceção de qualquer raça ou classe. Guerras em que se praticou genocídio, como no extermínio de índios americanos, e até empreendimentos religiosos, como as Cruzadas, confirmam a regra. Teria sido essa conduta apenas externamente motivada por móveis econômicos, políticos? Teriam sido os traficantes de escravos, os dominadores da Índia, os matadores de índios, os ingleses que obrigaram os chineses a abrir seus portos para a importação de ópio, os instigadores das duas Guerras Mundiais e os que preparam a próxima guerra, teriam todos eles sido cristãos em seus sentimentos? Ou será que são pagãos os líderes rapaces enquanto a grande massa da população continuou cristã? Se fosse assim, poderíamos nos sentir mais animados. Mas, infelizmente, não é isso o que se dá. Certamente, os líderes foram quase sempre mais rapaces que seus seguidores, porque tinham mais a ganhar. Mas não poderiam ter concretizado seus planos se o seu desejo de conquistar e de serem vitoriosos não fosse e não continuasse a ser ainda um elemento do caráter social.

Basta lembrar o entusiasmo selvagem e louco com que o povo participou nas várias guerras dos últimos duzentos anos — a disposição de milhões de pessoas correndo o risco de suicídio nacional para proteger a imagem da "potência mais forte", ou da "honra nacional", ou ainda para proteger mercados. Considere-se ainda o fanatismo nacional por ocasião dos Jogos Olímpicos, que pretensamente servem à causa da paz. Na verdade, a popularidade dos Jogos Olímpicos por si atesta a expressão do paganismo ocidental. Simbolicamente comemoram o herói pagão: o vencedor, o mais forte, o mais afirmativo, passando por alto a suja mistura de negócios e publicidade que caracteriza a imitação contemporânea dos Jogos Olímpicos gregos. Numa cultura cristã, a representação da Paixão de Cristo tomaria o lugar dos

Jogos Olímpicos; no entanto, a famosa peça da Paixão que temos é uma atração turística no Oberammergau.

Se tudo o que atualmente se faz está certo, por que europeus e norte-americanos não abandonam de vez o cristianismo como inadequado aos nossos tempos? Há diversas razões para isso: por exemplo, é preciso haver ideologia religiosa a fim de manter a disciplina, visto que a sua perda representaria ameaça à ordem social. Mas há uma razão ainda mais importante: existem pessoas que são crentes fiéis em Cristo como o grande amoroso, o deus auto-sacrificador, e esta fé pode mudar, de modo alienado, no sentimento de que Jesus ama *por eles*. Dessa maneira, Jesus transforma-se num ídolo; a crença nele converte-se no sucedâneo para o nosso próprio ato de amar. Numa fórmula simples e inconsciente, "Cristo a tudo ama por nós; podemos continuar seguindo o padrão do herói grego, e mesmo assim somos salvos porque a fé alienada em Cristo é um sucedâneo para a *imitação* do Cristo". Desnecessário dizer que essa crença em Cristo não passa de um disfarce barato para a nossa atitude gananciosa. Por fim, creio que os seres humanos são tão profundamente dotados da necessidade de amar que o agir como lobos nos faz ficar com a consciência pesada. Nossa crença declarada no amor nos anestesia, até certo ponto, contra a dor do sentimento inconsciente de culpa por sermos totalmente sem amor.

"Religião Industrial"

A evolução religiosa e filosófica depois do fim da Idade Média é assunto por demais complexo para ser tratado no âmbito deste volume. Pode ser caracterizada pelo conflito de dois princípios: a tradição cristã espiritual nas formas teológica ou filosófica, e a tradição pagã de idolatria e desumanidade que assumiu muitas formas na evolução do que poderia ser chamado a "religião do industrialismo e a era cibernética".

Seguindo a tradição da Alta Idade Média, o humanismo do Renascimento foi o primeiro grande florescimento do espírito "religioso" após o término da Idade Média. As noções de dignidade humana, de unidade da espécie humana, de unidade universal política e religiosa encontraram nele expressão desembaraçada. O Iluminismo dos séculos XVII e XVIII exprimiu outro grande florescimento do humanismo. Carl Becker (1932) demonstrou até que ponto a filosofia do Iluminismo expressava a "atitude religiosa" que verificamos nos teólogos do século XIII. "Se examinamos os fundamentos desta fé, verificamos que alternadamente os *filósofos* traíam sua dívida para com o pensamento medieval sem se dar conta disto". A Revolução Francesa, a que o iluminismo filosófico deu nascimento, foi mais que uma revolução política. Como observou Tocqueville (citado por Becker), foi uma "revolução política que atuou de um modo e assumiu, em certo sentido, o aspecto de uma *revolução religiosa* (itálicos meus). Como o islamismo e o protestantismo, sua revolta ultrapassou as fronteiras dos países e nações e se estendeu pela pregação e propaganda."

O humanismo radical nos séculos XIX e XX é definido mais tarde, em minha análise do protesto humanista contra o paganismo da era industrial. Mas para proporcionar uma base para aquela análise, devemos agora examinar o novo paganismo que se revelou lado a lado com o humanismo, ameaçando, no momento atual da história, a nossa destruição.

A mudança que preparou a primeira base para o surgimento da "religião industrial" foi a eliminação, por Lutero, do elemento maternal na Igreja. Embora possa parecer uma digressão desnecessária, devo deter-me neste problema por um momento, porque é importante para a nossa compreensão do desenvolvimento da nova religião e do novo caráter social.

As sociedades têm sido organizadas de acordo com dois princípios: patricêntrico (ou patriarcal) e matricêntrico (ou matriarcal). O princípio matricêntrico, como J. J. Bachofen e L. H. Morgan demonstraram pela primeira vez, centra-se na figura da mãe amorosa. O princípio maternal é o do *amor incondicional*; a mãe ama seus filhos não porque lhe agrada, mas porque são seus filhos (ou de outra mulher). Por esta razão o amor de mãe não pode ser obtido por boa conduta, nem pode perder-se pelo pecado. O amor materno é *misericórdia* e *compaixão* (em hebraico *rachamim*, cuja raiz é *rechem*, o "útero").

O amor paterno, pelo contrário, é *condicional*; ele depende de atos e boa conduta por parte do filho; o pai ama aquele filho que mais se parece com ele, isto é, aquele que deverá herdar a sua propriedade. O amor do pai pode perder-se, mas pode também ser reconquistado pelo arrependimento e submissão renovada. O amor do pai é *justiça*.

Os dois princípios, o materno-feminino e o paterno-masculino, correspondem não apenas à existência de um aspecto masculino e outro feminino em todo ser humano, mas especificamente à necessidade de misericórdia *e* justiça em todo homem e toda mulher. O mais profundo anseio dos seres humanos parece ser uma constelação em que os dois pólos (masculinidade e feminilidade, macho e fêmea, misericórdia e justiça, sentimento e pensamento, natureza e intelecto) estão unidos numa síntese, em que ambos os aspectos da polaridade perdem seu antagonismo e, em vez disso, dão os seus matizes reciprocamente. Embora tal síntese não possa ser plenamente obtida numa sociedade patriarcal, ela existia em certo grau na Igreja Romana. A Virgem, a Igreja como mãe extremosa, o papa e o clero como figuras maternais representavam a maternidade, incondicional, toda amor e perdão, lado a lado com o elemento paterno de uma burocracia estritamente patriarcal, com o papa dominando altaneiro pela força.

Correspondendo a esses elementos maternos no sistema religioso estava o relacionamento com a natureza no processo da produção: o trabalho do camponês e do artesão não constituía um ataque explorador hostil contra a natureza. Era cooperação com a natureza de acordo com as suas próprias leis.

Lutero estabeleceu uma forma puramente patriarcal de cristianismo no Norte da Europa, baseado na classe média urbana e nos príncipes seculares. A essência desse novo caráter social é a submissão à autoridade patriarcal, sendo o *trabalho* o único modo de obter amor e aprovação.

Por trás da fachada cristã, surgiu uma nova religião *secreta*, a "religião industrial", que está enraizada na estrutura de caráter da sociedade moderna, mas não é reconhecida como "religião". A religião industrial é completamente incompatível com o cristianismo autêntico. Ela reduz as pessoas a servos da economia e da maquinaria que suas próprias mãos construíram.

A religião industrial tinha sua base num novo caráter social. Seu centro era o temor e submissão às autoridades masculinas poderosas, cultivo do sentimento de culpa pela desobediência, rompimento dos laços de solidariedade humana pela supremacia do interesse egoísta e do antagonismo mútuo. O "sagrado" na nova religião era o trabalho, a propriedade, o lucro, o poder, muito embora ele estimulasse o individualismo e a liberdade dentro dos limites de seus princípios gerais. Ao transformar o cristianismo numa religião estritamente patriarcal, foi ainda possível exprimir a religião industrial na terminologia cristã.

O "Caráter Mercantil" e a "Religião Cibernética"

O fato mais importante para a compreensão do caráter e da religião secreta da sociedade humana contemporânea é a mudança do caráter social a partir de inícios do capitalismo até a segunda metade do século XX. O caráter autoritário-obsessivoacumulativo que começou a revelar-se no século XVI, e que continuou sendo estrutura de caráter dominante pelo menos nas classes médias até fins do século XIX, misturou-se lentamente com o *caráter mercantil* ou acabou sendo substituído por este. (Estudei esse assunto em meu livro *A Análise do Homem.*)

Chamei esse fenômeno de *caráter mercantil* porque ele se baseia no fato de nos sentirmos como mercadorias, tendo nós não um "valor de uso", mas "valor de troca". O ser vivo torna-se uma mercadoria no "mercado de personalidades". O princípio de valoração é o mesmo tanto para o mercado de personalidades como de mercadorias: no primeiro, as personalidades são oferecidas a venda; no outro, as mercadorias. O valor, em ambos os casos, é valor de troca para o que o "valor de uso" é uma condição necessária mas não suficiente.

Embora varie a proporção de perícia e qualidades humanas, de um lado, e personalidade, de outro, como requisitos para o êxito, o "fator personalidade" sempre desempenha um papel decisivo. O sucesso depende, em geral, de como as pessoas se vendam bem no mercado, como imponham sua personalidade, e da qualidade da "embalagem" com que a envolvam; depende de serem "joviais", "sadias", "agressivas", "honestas", "ambiciosas"; além disso, contam também a tradição do nome de família, os clubes a que se filiam, e o relacionamento com as pessoas "certas". O tipo de personalidade exigido depende em algum grau do setor especial em que a pessoa preferiu operar. Um corretor de títulos, um vendedor, um gerente de hotel, cada qual deve fornecer uma espécie diferente de personalidade que, sejam quais forem as suas diferenças, devem satisfazer uma condição: ser procurada.

O que modela a nossa atitude para conosco mesmos é o fato de que a qualificação e equipamento para desempenhar certa função não são suficientes; deve-se vencer uma competição com muitos outros, a fim de ter sucesso. Se fosse o bastante para o propósito de ganhar a vida contar com o que se sabe e com o que se pode fazer, a nossa auto-estima estaria em proporção com as nossas capacidades, isto é, com o nosso valor de uso. Mas, uma vez que o sucesso depende, em geral, de como vendemos nossa personalidade, sentimo-nos como uma mercadoria ou, antes, ao mesmo tempo como vendedor e mercadoria a ser vendida. Uma pessoa não se interessa por sua vida e felicidade, mas em se tornar vendável.

O objetivo do caráter mercantil é a completa adaptação, de modo a tornar desejável em todas as condições do mercado de personalidades. As personalidades de caráter mercantil nem mesmo *têm* egos (como o tinham as pessoas no século XIX) a que se agarrar, que lhes pertençam, que não se mudem. Porque estão sempre mudando seus egos, de acordo com o princípio: "sou como o mercado deseja que eu seja".

As pessoas que têm estrutura de caráter do tipo mercantil não têm metas, exceto mudar sempre, fazendo as coisas com grande eficácia; interrogados *por que* devem agitar-se tanto, por que as coisas têm de ser feitas com tanta eficiência, não têm resposta autêntica, mas, em vez disso, apresentam racionalizações, tais como "a fim de criar mais empregos", ou "para que a empresa continue a crescer". Têm pouco interesse (pelo menos conscientemente) em questões filosóficas ou religiosas, tais como por que vivemos, e por que estamos indo numa direção e não em outra. Têm seus enormes egos sempre mutáveis, mas nenhum eu, um núcleo, um senso de identidade. A "crise de identidade" da sociedade moderna é realmente a crise produzida pelo fato de que seus membros se tornaram instrumentos despersonalizados, cuja identidade repousa em sua participação nas empresas (ou demais burocracias gigantescas). Onde não há um ego autêntico não pode haver identidade.

O caráter mercantil nem ama nem odeia. Esses sentimentos "antiquados" não se ajustam à estrutura de caráter que atua quase inteiramente no nível cerebral e evita sentimentos, bons ou maus, porque sentimentos e emoções de qualquer tipo interferem no principal propósito do caráter mercantil que é vender e trocar — ou, mais rigorosamente, *funcionar* de acordo com a lógica da "megamáquina" da qual é peça, sem fazer perguntas a não ser quanto a se funciona bem, conforme indicado por seu progresso na escala burocrática.

Uma vez que os caracteres mercantis não têm apego profundo algum a si mesmos ou a outros, não têm outras preocupações, no sentido profundo da palavra, não porque sejam tão egoístas, mas porque suas relações com outros e consigo mesmos são bastante superficiais. Isso também pode explicar por que não se preocupam com os perigos de catrástrofes nucleares e ecológicas, muito embora conheçam todos os dados que apontam para esses riscos. A hipótese de que são dotados de grande coragem e altruísmo pode também explicar por que não se preocupam com o perigo de suas próprias vidas; mas a falta de interesse inclusive por seus filhos e netos exclui essa explicação. A falta de interesse em todos esses níveis é conseqüência da falta de quaisquer laços emocionais, mesmo para com os mais íntimos deles. O fato é que ninguém é íntimo dos caracteres mercantis; nem eles são íntimos de si mesmos.

A perturbadora questão quanto a por que os seres humanos contemporâneos gostam de comprar e consumir, e, no entanto, são pouco apegados ao que compram, encontra sua resposta mais significativa no fenômeno do caráter mercantil. A falta de apego às coisas demonstradas pelos caracteres mercantis também os torna indiferentes a tudo. O que vale talvez seja o prestígio ou o conforto que as coisas proporcionam, mas as coisas por si mesmas não têm substância alguma. São inteiramente consumíveis, assim como seus amigos ou amantes, que são também consumíveis, já que não existe nenhum vínculo profundo com qualquer deles.

A meta do caráter mercantil, "o funcionamento adequado" sob dadas circunstâncias, faz com que ele reaja ao mundo sobretudo cerebralmente. A razão, no sentido de *compreensão*, é uma qualidade exclusiva do *Homo sapiens*; a *inteligência manipulativa*, como instrumento para a consecução de fins práticos, é comum a seres animais e humanos. A inteligência manipulativa sem razão é perigosa, porque faz com que as pessoas se movam a direções que podem ser autodestrutivas do ponto de vista da razão. De fato, quanto mais brilhante for a inteligência manipulativa descontrolada, tanto mais perigosa.

Foi não menos que um cientista como Charles Darwin quem demonstrou as conseqüências e a tragédia humana de um intelecto puramente científico e alienado. Escreve ele em sua autobiografia que até os trinta anos ele gostava intensamente de música, poesia e artes, mas que por muitos anos depois perdeu todo o gosto por essas coisas: "Meu espírito parece ter-se tornado uma máquina para captar leis gerais de grandes conjuntos de fatos... A perda desses gostos é uma perda de felicidade, e pode possivelmente ser danosa para o intelecto, e mais provavelmente para o caráter moral, pelo debilitamento da parte emocional de nossa natureza." (Citado por E. F. Schumacher.)

O processo de que fala Darwin continuou desde o seu tempo até agora num andamento rápido; a separação de razão e coração está quase completa. É de especial interesse que essa deterioração da razão não tenha ocorrido na maioria dos principais pesquisadores nas ciências mais exigentes e revolucionárias (física teórica, por exemplo) e que eles fossem pessoas profundamente interessadas em questões filosóficas e espirituais. Refiro-me a pessoas como Albert Einstein, Niels Bohr, L. Szillard, W. Heisenberg e E. Schrödinger.

A supremacia do pensamento manipulativo cerebral corre junta com uma atrofia da vida emocional. Uma vez que não é cultivada ou necessária, mas antes um impedimento de funcionamento ideal, a vida emocional tem permanecido caquética e jamais amadurecida além do nível infantil. Em conseqüência disso, as pessoas dotadas de caráter mercantil são peculiarmente ingênuas no que se refere a problemas emocionais. Elas podem ser atraídas por "pessoas emocionais", mas devido à sua própria ingenuidade quase nunca podem julgar se essas pessoas são sinceras ou farsantes. Isso pode explicar por que tantos farsantes podem ser bem sucedidos nos domínios espirituais e religiosos; explicaria também por que políticos que retratam emoções fortes têm forte atrativo para o caráter mercantil — e porque o caráter mercantil é incapaz de discriminar entre pessoa autenticamente religiosa e o produto das relações públicas que falseia sentimentos religiosos fortes.

O termo "caráter mercantil" não é de modo nenhum o único para designar este tipo. Ele pode também ser definido pelo emprego de um termo marxista, o *caráter alienado*; pessoas dotadas desse caráter são alienadas do trabalho, de si mesmas, de outros seres humanos, e da natureza. Em termos psiquiátricos, a pessoa que tenha caráter mercantil pode ser considerada um caráter esquizóide; mas o termo pode ser ligeiramente enganador, devido a que à pessoa esquizóide que viva com outras pessoas esquizóides, desempenhando bem e sendo bem sucedida, falta o sentimento de inquietação que o caráter esquizóide tem num meio mais "normal".

Durante a revisão final do original deste livro tive o ensejo de ler o próximo livro de Michael Maccoby, *The Gamesmen: The New Corporate Leaders*, no manuscrito. Nesse penetrante estudo, Maccoby analisa a estrutura de caráter de duzentos e cinqüenta executivos, gerentes e engenheiros de duas das maiores e mais operantes empresas dos Estados Unidos. Muitas das suas conclusões confirmam o que defini como aspectos da pessoa cibernética, sobretudo quanto à predominância do cerebral paralelamente ao subdesenvolvimento da esfera emocional. Considerando que os executivos e gerentes descritos por Maccoby são ou continuarão sendo os líderes da sociedade norte-americana, a importância social das conclusões de Maccoby é do mais alto interesse.

Os dados seguintes, obtidos por Maccoby de suas três a vinte entrevistas pessoais com cada membro do grupo estudado, dão-nos um quadro transparente desse tipo de caráter. *

Profundo interesse científico em compreender, sentido dinâmico do trabalho, vigorosos	0%
Concentrados, animados, cônscios do ofício, mas faltando interesse científico mais profundo na natureza das coisas	22%
O próprio trabalho estimula o interesse, que não se sustenta	58%
Produtivo moderado, não concentrado. Interesse essencialmente instrumental no trabalho, para garantir segurança, renda	18%
Improdutivo passivo, disperso	2%
Rejeitam o trabalho, rejeitam o mundo real	0%
	100%

Dois aspectos são marcantes: (1) o profundo interesse em compreender ("razão") está ausente, e (2) para a grande maioria ou o estímulo do trabalho não é apoio por si mesmo ou o trabalho é essencialmente meio para garantir segurança econômica.

Em contraste completo está o quadro a que Maccoby chama "escala do amor":

Amor, afirmativo, estimulante criativamente	0%
Responsável, ardente, afeiçoado, mas não profundamente amoroso	5%
Interesse moderado em outra pessoa, com mais possibilidades amorosas	40%
Interesse convencional, honesto, cônscio do papel	41%
Passivo, desamoroso, desinteressado	13%
Rejeitando a vida, coração endurecido	1%
	100%

Ninguém, no estudo feito, podia caracterizar-se como profundamente amoroso, embora 5% se mostrassem "ardentes e afeiçoados". Todos os demais são arrolados como tendo interesse moderado, ou interesse convencional, ou como desamorosos, ou sinceramente rejeitando a vida — na verdade, um quadro contundente do subdesenvolvimento emocional em contraste com a proeminência do cerebralismo.

* Publicados aqui mediante permissão do autor. Cf. estudo paralelo de Ignacio Millan, *O Caráter dos Executivos Mexicanos*, a ser publicado brevemente.

A "religião cibernética" do caráter mercantil corresponde à estrutura total de caráter. Oculta por trás da fachada do agnosticismo ou do cristianismo está uma religião inteiramente pagã, embora as pessoas não estejam conscientes disto. É difícil definir esta religião pagã, visto que só pode ser inferida pelo que as pessoas fazem (e o que não fazem) e não de seus pensamentos conscientes sobre religião ou dogmas de uma organização religiosa. E o que mais choca, à primeira vista, é que o homem fez-se a si mesmo um deus, porque adquiriu a capacidade técnica para uma "segunda criação" do mundo, substituindo a primeira criação do Deus da religião tradicional. Podemos também dizer: transformamos a máquina em deus e nos tornamos como deuses servindo à máquina. Pouco importa a formulação que escolhemos; o que importa é que os seres humanos, no estado de sua maior *impotência* real *imaginam-se* em ligação com a ciência e a técnica para serem *onipotentes*.

Quanto mais ficarmos isolados, em nossa falta de reação emocional ao mundo, e ao mesmo tempo quanto mais pareça inevitável um fim catastrófico, mais maligna se torna a nova religião. Deixamos de ser senhores da técnica e nos transformamos em seus escravos — e a técnica, outrora elemento vital da criação, mostra a sua outra face como a deusa da destruição (como a deusa indiana Kali), à qual homens e mulheres estão dispostos a sacrificar-se e a seus filhos. Embora agasalhando a esperança de futuro melhor conscientemente, a humanidade cibernética reprime o fato de que se tornou adoradora da deusa da destruição.

Essa tese tem muitos tipos de prova, mas nenhuma terá a força destas duas: que as grandes (e mesmo algumas pequenas) potências continuam a fabricar armas nucleares de poder cada vez maior de destruição e não chegam à mesma solução — destruição de todas as armas nucleares e das usinas de energia atômica que produzem o material para as armas nucleares — e que virtualmente nada se faz para acabar o perigo da catástrofe ecológica. Em resumo, nada de sério está sendo feito para planejar a sobrevivência da espécie humana.

O Protesto Humanista

A desumanização do caráter social e o advento das religiões industrial e cibernética levaram a um movimento de protesto, ao surgimento de um novo humanismo, que tem raízes no humanismo cristão e filosófico desde a Alta Idade Média ao Iluminismo. Esse protesto teve expressão nas formulações filosóficas cristãs teístas e em sistemas panteístas ou não teístas. Surgiu de dois lados opostos: dos românticos, que eram conservadores em política, e dos socialistas marxistas e outros (bem como de alguns anarquistas). Direita e esquerda foram unânimes em suas críticas ao sistema industrial e ao prejuízo que ele causava aos seres humanos. Pensadores católicos, como Franz von Baader, e líderes políticos conservadores, como Benjamin Disraeli, formularam o problema, por vezes de modo idêntico ao de Marx.

Os dois lados discrepavam quanto aos modos de julgar como os seres humanos poderiam ser salvos do perigo de se transformarem em coisas. Os românticos da direita acreditavam que o único meio era cessar o desenfreado "progresso" do sistema industrial e voltar às formas anteriores da ordem social, embora com algumas modificações.

O protesto da esquerda pode ser chamado *humanismo radical*, muito embora fosse às vezes expresso em termos teístas e outras em termos não teístas. Os socialistas acreditavam que o desenvolvimento econômico não podia ser detido, que não se podia voltar a uma forma anterior de ordem social, e que a única via de salvação consiste em ir adiante e criar uma nova sociedade que liberte o povo da alienação, da submissão à máquina, do destino de ser desumanizada. O socialismo era a síntese da tradição religiosa medieval e do espírito de pensamento científico e ação política do pós-Renascimento. Era, como o budismo, um movimento "religioso" de massa, que, muito embora falando em termos seculares e ateus, tinha por objetivo a libertação dos seres humanos do egoísmo e da ambição.

Pelo menos um breve comentário impõe-se a esta altura para caracterizar minha posição diante do pensamento marxista, em vista de sua completa perversão pelo comunismo soviético e pelo socialismo reformista ocidental ao transformá-lo num materialismo que tem por objetivo a riqueza para todos. Como Hermann Cohen, Ernst Bloch e numerosos outros estudiosos declararam em décadas passadas, o socialismo era a expressão leiga do messianismo profético. Talvez o melhor modo de demonstrar isto seja citar do Código de Moisés Maimônides a sua caracterização da Era Messiânica:

> Os Sábios e Profetas não aspiravam pelos dias do Messias em que Israel poderia exercer o domínio sobre o mundo, ou dominar os pagãos, ou ser exaltados pelas nações, ou que pudesse comer, beber e regozijar-se. Sua aspiração era que

> Israel fosse livre para dedicar-se à Lei e à sua sabedoria, sem que ninguém o oprimisse ou perturbasse, e assim ser dignos da vida no mundo por vir.
>
> Naquela era não haverá nem fome nem guerra, nem rivalidade ou conflito. Os bens da terra * serão abundantes, e o bem-estar estará ao alcance de todos. A única preocupação de todo o mundo será o conhecimento do Senhor. Por conseguinte, os israelitas serão muito sábios, eles saberão as coisas que agora estão escondidas e atingirão uma compreensão de seu criador com a máxima capacidade do espírito humano, como está escrito: "porque a terra se encherá do conhecimento do Senhor, como as águas cobrem o mar" (Isaías, 11:9).

Nesse relato, o objetivo da história é capacitar os seres humanos a se dedicarem inteiramente ao estudo da sabedoria e conhecimento de Deus; nem poder nem luxo. A Era Messiânica é de paz universal, ausência de cobiça, tempo de abundância material. Este quadro aproxima-se muito do conceito de objetivo da vida tal como Marx o exprime no final do terceiro volume de *O Capital*:

> O reino da liberdade não começa até que seja ultrapassado o ponto em que seja exigido o trabalho sob a compulsão da necessidade e da utilidade externa. Pela própria natureza das coisas, ela jaz além da esfera da produção material no estrito sentido do termo. Assim como o selvagem deve lutar com a natureza a fim de satisfazer suas necessidades, a fim de manter sua vida a reproduzi-la, também o civilizado tem que fazê-lo, e deve lutar em todas as formas de sociedade e sob todos os modos possíveis de produção. Com o seu desenvolvimento o reino da necessidade natural se expande, porque suas necessidades aumentam; mas ao mesmo tempo as forças de produção aumentam, pelas quais essas necessidades são satisfeitas. A liberdade neste domínio não pode consistir de nada mais senão do fato de que o homem socializado, os produtores associados, organizam racionalmente o seu intercâmbio com a natureza, mantêm-na sob seu controle comum, em vez de serem governados por ela como por alguma força cega; que eles realizam sua tarefa com o mínimo dispêndio de energia e sob as condições mais adequadas à sua natureza humana e *mais dignos dela.* Mas permanece sempre um reino de necessidade. Além dele começa aquele *desenvolvimento do poder humano que é seu próprio objetivo*, o verdadeiro reino de liberdade, que, porém, só pode florescer sobre aquele reino de necessidade como sua base. A redução da jornada de trabalho é premissa fundamental (os itálicos foram por mim acrescentados).

* Minha tradução do texto hebraico, em vez de "bênçãos", na tradução Hershman, publicada pela Yale University Press.

Marx, como Maimônides — e em contraste com as doutrinas de salvação cristã e judaica — não postula uma solução escatológica final; a discrepância entre o homem e a natureza permanece, mas o reino da necessidade é posto sob controle do homem tanto quanto possível: "mas sempre permanece um reino de necessidade". O objetivo é "aquele desenvolvimento do poder humano que é seu próprio objetivo, o verdadeiro reino da liberdade". A idéia de Maimônides de que "a preocupação de todo o mundo será conhecer o Senhor" é para Marx o "desenvolvimento do poder humano... [como] seu próprio objetivo".

Ter e ser como dois modos diferentes de existência humana estão no centro das idéias de Marx para o surgimento do novo homem. Com esses dois modos, Marx vai das categorias econômicas às categorias psicológicas e antropológicas, que são, como vimos em nosso exame dos Velho e Novo Testamentos e de Eckhart, ao mesmo tempo, categorias "religiosas" fundamentais. Marx escreveu: "A propriedade privada nos fez tão obtusos e tendenciosos que um objeto só é nosso quando o possuímos, quando existe para nós como capital, ou quando é imediatamente comido, bebido, vestido, habitado etc., em suma, utilizado de algum modo.

... Assim, todos os sentidos físicos e intelectuais foram substituídos pela simples alienação de todos esses sentidos; o sentido de ter. O ser humano teve que reduzir-se à sua absoluta indigência para ser capaz de dar surgimento a sua riqueza íntima. (Sobre a categoria *ter*, veja-se Hess em *Einundzwanzig Bogen.*)"*

O conceito de ter e ser, para Marx, resume-se nesta frase: "O homem deixa de *ser* e manifestar sua vida na medida em que passa a *ter* e sua vida se torna mais alienada". ..."Tudo o que o economista nos tira de vida e humanidade, restitui-nos na forma de dinheiro e bens".

O "sentido de ter" de que Marx fala aqui é rigorosamente o mesmo de "apego ao eu" de que fala Eckhart, a ânsia por coisas e pelo próprio eu. Marx refere-se ao *modo ter de existência*, não à posse propriamente, não à propriedade privada não alienada como tal. O objetivo não é luxo ou riqueza, nem propriedade; de fato, tanto luxo como miséria são vistos por Marx como males. Absoluta indigência é a condição para a existência de nossa riqueza interior.

Que vem a ser o ato de dar nascimento a essa riqueza interior? É a expressão ativa e não alienada de nossa faculdade em

---

* Esta e as demais passagens são extraídas dos *Manuscritos Filosóficos e Econômicos*, traduzidos no meu livro *O Conceito Marxista do Homem.*

relação a objetos correspondentes. Marx continua: "Todas as suas (do homem) relações humanas com o mundo — ver, ouvir, cheirar, degustar, tocar, pensar, observar, sentir, desejar, agir, amar — em resumo, todos os órgãos de sua individualidade... estão em sua atuação objetiva (sua atuação em relação ao objeto), a apropriação desse objeto, a apropriação da realidade humana." Essa é a forma de apropriação no modo *ser*, e não no modo *ter*. Marx exprimiu essa forma de atividade não alienada no trecho seguinte:

> Admitamos que o *homem* seja *homem*, e que sua relação com o mundo seja também humana. Então o amor só pode ser trocado por amor, confiança por confiança, etc. Se desejarmos apreciar as artes, devemos ser uma pessoa instruída em artes; se quisermos influir em outras pessoas, devemos ser uma pessoa que realmente tenha um efeito estimulador e encorajador sobre outros. Todas as nossas relações para com o homem e a natureza devem ser uma *expressão específica*, correspondendo ao objeto de nossa vontade, de nossa vida *individual concreta*. Se amamos sem evocar a retribuição, isto é, se formos incapazes, pela *manifestação* de nós mesmos como pessoa amante, de fazer-nos uma *pessoa amada*, então nosso amor é impotente e infeliz.

Mas as idéias de Marx foram logo truncadas, talvez porque ele tenha vivido com cem anos de antecipação. Tanto ele como Engels achavam que o capitalismo já atingira o máximo de suas possibilidades e, portanto, que a revolução estava em vias de acontecer. Mas ambos estavam redondamente enganados, como o viria a confessar Engels depois da morte de Marx. Eles haviam proclamado sua nova doutrina no apogeu do desenvolvimento capitalista e não previram que ele ainda levaria mais de cem anos para que entrasse em decadência até que a crise final começasse. Era uma inevitabilidade histórica que uma idéia anticapitalista, propagada no próprio apogeu do capitalismo, tivesse que transformar-se inteiramente no espírito capitalista para que tivesse êxito. E foi isso o que realmente aconteceu.

Os sociais-democratas e seus ásperos adversários, os comunistas dentro e fora da União Soviética, transformaram o socialismo num conceito puramente econômico, cuja meta era o máximo consumo, o máximo emprego de máquinas. Krustchev, com sua noção de comunismo "de bife com pimentão doce e cominho", à sua moda simples e popularesca, deixou clara a verdade: o objetivo do socialismo era dar a toda a população o mesmo prazer do consumo que o capitalismo proporcionava apenas a uma minoria. Socialismo e comunismo eram elaborados com base na noção de materialismo burguês. Algumas expressões dos primeiros escritos de Marx (que, em geral, eram menosprezados como erros "idealistas" do "jovem" Marx) eram repetidas tão ritualisticamente como as palavras do evangelho são citadas no Ocidente.

O fato de Marx ter vivido no ápice do desenvolvimento capitalista teve ainda outra conseqüência: como filho de sua época, era inevitável que Marx adotasse atitudes e conceitos correntes no pensamento e prática burgueses. Assim, por exemplo, certas inclinações autoritárias em sua personalidade como em seus escritos eram modeladas no espírito burguês patriarcal muito mais que no espírito do socialismo. Ele acompanhava o padrão dos economistas "clássicos" em sua elaboração do socialismo "científico" em contraposição ao socialismo "utópico". Assim como os economistas alegavam que a economia tinha leis próprias, independentes da vontade humana, Marx sentia a necessidade de demonstrar que o socialismo evoluiria *necessariamente* de acordo com as leis da economia. Em conseqüência, ele por vezes tendia a fazer formulações que poderiam equivocadamente ser tomadas por deterministas, deixando de reconhecer o papel adequado da vontade e da imaginação humanas no processo histórico. Essas concessões inintencionais ao espírito do capitalismo facilitaram o processo de deturpação do sistema de Marx, transformando-o em algo que não era fundamentalmente diferente do capitalismo.

Se Marx tivesse exposto suas idéias hoje, no início da decadência do capitalismo — em rápida aceleração —, sua mensagem verdadeira teria tido oportunidade de ser influente e mesmo de ser vitoriosa, se é que podemos fazer essa conjectura histórica. Tal como se apresenta agora, até mesmo as palavras "socialismo" e "comunismo" são enganosas. Pelo menos, todo partido socialista ou comunista que alegue representar o pensamento marxista teria que basear-se na convicção de que os regimes soviéticos não são sistemas socialistas em sentido algum, e que o socialismo é incompatível com um sistema social burocrático, orientado para objetos, tendente ao consumismo, que é incompatível com o materialismo e cerebralismo que caracterizam o sistema soviético, tal qual o sistema capitalista.

A corrupção do socialismo explica o fato de que as idéias radicais humanistas autênticas não raro advêm de grupos e indivíduos que não estavam identificados com as idéias de Marx ou que, mesmo opostos a elas, vêm à tona, por vezes após esses grupos terem sido membros ativos do movimento comunista.

Embora seja impossível mencionar aqui todos os humanistas radicais do período pós-marxista, alguns exemplos do seu pensamento são dados nas páginas seguintes. Conquanto as concepções desses humanistas radicais difiram amplamente, e às vezes dêm a impressão de contradizer-se mutuamente, todos participam das seguintes ideias e atitudes:

- que a produção deve atender às reais necessidades do povo, e não às exigências do sistema econômico;
- que deve ser estabelecida uma nova relação entre as pessoas e a natureza, que seja de cooperação e não de exploração;
- que o antagonismo mútuo deve ser substituído pela solidariedade;
- que o objetivo de todas as organizações sociais deve ser o bem-estar humano e evitação do contrário;
- que se deve empenhar não para o máximo consumo, mas pelo consumo adequado que favoreça ao bem-estar;
- que o indivíduo deve ser ativo participante da vida social, e não um participante passivo.*

Albert Schweitzer parte da premissa radical da crise iminente da cultura ocidental. "É óbvio para todos, declara ele, que estamos num processo de autodestruição cultural. O que fica também não constitui garantia para ninguém. Permanece ainda porque não foi exposto à pressão destrutiva a que o resto já sucumbiu. Mas também é edificado sobre a areia [*Geröll*]. O próximo desmoronamento [*Bergrutsch*] pode levá-lo... A capacidade cultural do homem moderno está diminuindo porque as circunstâncias que o envolvem diminuem-no e causam-lhe danos físicos."**

Caracterizando o ser industrial como "aprisionado... disperso... incompleto... sob o risco de perder sua humanidade", prossegue ele:

> Devido a que a sociedade com sua organização desenvolvida exerce um poder até agora desconhecido sobre o homem, a dependência do homem em relação a ela aumentou a um

---

* O desenvolvimento das idéias humanistas socialistas acha-se mais pormenorizadamente em meu livro *Humanismo Socialista*, em colaboração com outros.

** Esta e as demais passagens de Schweitzer são minha tradução das citações de *Die Schuld der Philosophie an dem Niedergang der Kultur*, publicado pela primeira vez em 1923, mas resumida de 1900 a 1917.

> grau que quase estancou a sua vida mental [*Geistig*] própria... Dessa maneira, entramos numa nova Idade Média. Por um ato geral de vontade livre de pensamento deixou de funcionar, porque muitos cessaram de pensar como indivíduos livres, e são guiados pelo coletivo a que pertecem... Com o sacrifício da independência de pensamento, perdemos a nossa fé na verdade — e como poderia ser de outro modo! Nossa vida intelectual emocional está desorganizada. *A superorganização das questões públicas culmina na organização da falta de pensamento* (itálicos meus).

Ele vê a sociedade industrial caracterizada não apenas pela falta de liberdade, mas também por "superempenho" (*Überanstrengung*). "Por dois ou três séculos, muitos indivíduos têm vivido apenas como seres *no trabalho*, e não como seres *humanos*." A substância humana está atrofiada e, na educação dos filhos por esses pais atrofiados, um fator essencial no seu desenvolvimento humano está faltando. "Mais tarde, a própria pessoa adulta submetida a excesso de ocupação sucumbe cada vez mais à necessidade de distração superficial... *Passividade absoluta, atenção desviada e esquecida de si mesmo são uma necessidade física para ele*" (itálicos meus). Em conseqüência, Schweitzer pleiteia redução do trabalho e combate o superconsumo e luxo.

O teólogo protestante Schweitzer, assim como o monge dominicano Eckhart, insiste em que a missão do homem não consiste em retrair-se para uma atmosfera de egotismo espiritual, distanciado das questões do mundo, mas em levar uma vida ativa em que se empenhe por contribuir para a perfeição espiritual da sociedade. "Se entre os indivíduos modernos tão poucos há cujos sentimentos éticos e humanos estão intatos, a razão é o fato de que sacrificam constantemente sua moralidade pessoal no altar da pátria, *em vez de estarem em constante intercâmbio vivo com o coletivo e dando-lhe o poder que orienta o coletivo à sua perfeição*" (itálicos meus).

Conclui ele que a presente estrutura cultural e social encaminha-se para uma catástrofe, da qual só um novo Renascimento "muito maior que o antigo deve surgir"; que devemos renovar-nos numa nova crença e numa nova atitude, a menos que queiramos sossobrar. "Nesse Renascimento, será essencial o princípio da atividade, que o pensamento racional põe em nossas mãos, o único princípio racional e pragmático do desenvolvimento histórico produzido pelo homem... Estou certo em minha fé de *que esta revolução ocorrerá se decidirmos tornarmo-nos seres humanos pensantes*" (itálicos meus).

Pelo fato de que Schweitzer era um teólogo e mais conhecido, pelo menos do ponto de vista filosófico, por sua "reverência pela vida" como base da ética que provavelmente tenha sido ignorado como um dos críticos mais radicais da sociedade industrial, desmascarando seu mito de progresso e felicidade geral. Ele reconhecia a decadência da sociedade humana e do mundo com o estilo de vida industrializada; no princípio deste século, ele já percebia a debilidade e dependência das pessoas, o efeito destrutivo do trabalho obsessivo, a necessidade de menos trabalho e menos consumo. Postulava a necessidade de um Renascimento da vida coletiva que fosse organizado pelo espírito de solidariedade e respeito pela vida.

Esta apresentação do pensamento de Schweitzer não deve terminar sem a observação de que Schweitzer, em contraste com o otimismo metafísico do cristianismo, era metafisicamente cético. Esta foi uma das razões pelas quais sentiu-se atraído pelo pensamento budista, no qual a vida não tem significado algum que seja dado e garantido por um ser supremo. Ele chegou a esta conclusão: "Se tomarmos o mundo tal qual ele é, é impossível dotá-lo de significado em que os objetivos e metas do homem e da humanidade tenham sentido." O único modo de vida significativo é a atividade no mundo; não a atividade em geral, mas a atividade de dar e cuidar dos semelhantes. Schweitzer deu esta resposta em seus escritos e no exemplo de sua vida.

Há um notável parentesco nas idéias de Buda, Eckhart, Marx e Schweitzer: sua exigência radical de abandono da tendência a ter; sua insistência em completa independência; seu ceticismo metafísico; sua religiosidade sem deus,* e sua exigência de atividade social no espírito de cuidado e solidariedade humana. Contudo, nem sempre esses mestres estão conscientes desses elementos. Por exemplo, Eckhart está em geral inconsciente de seu não teísmo; Marx, de sua religiosidade. A questão de interpretação, sobretudo de Eckhart e Marx, é tão complexa que se torna impossível fazer uma apresentação adequada da religião não-teísta da atividade solidária que torna esses mestres os fundadores de uma nova religiosidade que se ajuste às necessidades do novo homem. Em parte subseqüente deste volume, analisarei as idéias desses mestres.

Mesmo autores a quem não podemos considerar humanistas radicais, pois não ultrapassam a atitude transpessoal e mecani-

---

* Numa carta a E. R. Jacobi, escreveu Schweitzer que "a religião do amor pode existir sem uma personalidade governadora do mundo" (*Luz Divina*, 2, n.º 1 [1967]).

cista de nossa era (tais como os autores dos dois relatórios sob chancela do Clube de Roma), não deixam de ver que a única alternativa para a catástrofe econômica é uma radical mudança humana íntima. Mesarovic e Pestel reivindicam uma "nova consciência do mundo... uma nova ética na utilização de recursos materiais... uma nova atitude para com a natureza, com base mais na harmonia do que na conquista... um sentido de identificação com as gerações futuras... Pela primeira vez na vida do homem na terra pede-se que refreie o que ele pode fazer; pede-se-lhe que limite o seu avanço econômico e tecnológico, ou pelo menos que o dirija para sentido diferente do que o faz; solicitam-lhe todas as futuras gerações da terra que partilhe sua boa sorte com os infelizes — não num espírito de caridade, mas de inevitabilidade. Está sendo instado a concentrar-se agora no crescimento orgânico do sistema total planetário. Poderá ele, em sã consciência, responder negativamente?" Mesarovic e Pestel concluem que sem essas mudanças fundamentais, "o *Homo sapiens* estará simplesmente condenado à morte".

O estudo apresenta algumas falhas — sendo, para mim, as principais, primeiro o não considerar os fatores políticos, sociais e psicológicos a serem mudados, e, segundo, que indicar a tendência das mudanças em geral é inútil até que se faça um sério esforço para considerar os verdadeiros obstáculos que impedem todas as suas sugestões. (É de se esperar que o Clube de Roma venha a tratar do problema daquelas reformas sociais e políticas que são os pré-requisitos para a consecução dos objetivos gerais.) Entretanto, permanece o fato de que esses autores tentaram pela primeira vez mostrar as necessidades econômicas e recursos de todo o mundo, e que, como observei na Introdução, pela primeira vez se faz uma reivindicação de reforma ética, não em conseqüência de crenças éticas, mas como conseqüência racional da análise econômica.

Livros aparecidos nos Estados Unidos e na Alemanha nos últimos anos, em já apreciável número, suscitaram a mesma exigência: subordinar a economia às necessidades do povo, primeiro tendo em vista simplesmente nossa sobrevivência; e, segundo, com vistas ao bem-estar. (Examinei cerca de trinta e cinco desses livros, mas o número existente deles é pelo menos duas vezes maior.) A maioria desses autores está de acordo em que o aumento material do consumo não significa necessariamente o aumento do bem-estar; que uma mudança em caráter e uma mudança espiritual deve efetuar-se paralelamente com essas mudanças sociais; que, a menos que cesse o desperdício de recursos naturais e a destruição sistemática das condições ecológicas da sobrevivência humana, é previsível a catástrofe dentro dos próximos cem anos. Menciono aqui apenas uns poucos dos mais notáveis representantes dessa nova economia humanista.

O economista E. F. Schumacher demonstra em seu livro *Small Is Beautiful** que nossas falhas são resultado de nossos sucessos, e que nossas técnicas devem subordinar-se às nossas reais necessidades humanas. "A economia como um conteúdo de vida é uma doença mortal", escreve ele, "porque o crescimento infinito não se ajusta a um mundo finito. Tem sido dito à humanidade por todos os seus grandes mestres que a economia não deve ser o conteúdo da vida; hoje é evidente que ela não o pode ser. Se quisermos descrever a doença mortal mais minuciosamente, podemos dizer que ela é semelhante a uma dependência, como a do alcoólatra ou do viciado em drogas. Pouco importa até que ponto esta dependência seja mais egoísta ou mais altruísta, ou se procura sua satisfação apenas de modo meramente materialista ou também de modo mais refinadamente artístico, cultural ou científico. Veneno é veneno, mesmo que embalado em papel prateado... Se a cultura espiritual, a cultura do homem foi negligenciada, então o egoísmo permanece a força dominante, e um sistema de egoísmo, como o capitalismo, ajusta-se melhor à sua orientação que um sistema de amor para com os nossos semelhantes."

Schumacher traduziu os seus princípios mediante a concepção de minimáquinas que são adaptadas às necessidades de países não-industrializados. É digno de nota sobretudo que seus livros ganham popularidade de ano para ano — e não por uma vasta campanha publicitária, mas pelo consenso que se vem formando entre seus leitores.

Paul Ehrlich e Anne Ehrlich são dois autores norte-americanos cujo pensamento é semelhante ao de Schumacher. Em seu livro *Population, Resources, Environment: Issues in Human Ecology*, apresentam as seguintes conclusões sobre "a situação do do mundo atual":

> 1. Considerando a atual tecnologia e os atuais padrões de comportamento, nosso planeta acha-se agora imensamente superpovoado;

---

* A ser publicado no Brasil por Zahar Editores, sob o título *O Negócio É Ser Pequeno.* (N. do T.)

2. O grande número absoluto de pessoas e o índice de crescimento demográfico são os principais obstáculos à solução dos problemas humanos;
3. Os limites da capacidade humana de produzir alimento pelos meios convencionais quase foi atingido. Os problemas de abastecimento e distribuição já resultaram em metade da população mundial subnutrida e inadequadamente alimentada. Atualmente, de 10 a 12 milhões de pessoas estão morrendo de fome anualmente;
4. As tentativas de aumentar a produção de alimento tenderão a acelerar a deterioração do nosso meio ambiente, o que, por sua vez, irá reduzir de fato a capacidade da terra de produzir alimento. Não é claro se a decadência do meio ambiente já chegou ao ponto de ser irreversível; é possível que a capacidade do planeta de sustentar a vida humana tenha sido prejudicada de modo permanente. As maiores causas da deterioração do meio ambiente são os "sucessos" tecnológicos como automóveis, pesticidas e fertilizantes nitrogenados inorgânicos.
5. Há razão para acreditar que o aumento de população aumente a probabilidade de uma praga mortal de âmbito planetário e de uma guerra termonuclear. Uma ou outra pode ocasionar um indesejável "índice de mortalidade" para a solução do problema demográfico; cada qual é potencialmente capaz de destruir a civilização e mesmo levar à extinção do *Homo sapiens*;
6. Não existe qualquer panacéia para o complexo de problemas que confluem na crise população-alimento-meio ambiente, embora uma tecnologia adequadamente aplicada em domínios tais como combate à poluição, comunicações e controle da fertilidade possa ser de inestimável ajuda. As soluções básicas implicam mudanças consideráveis e rápidas nas atitudes humanas, sobretudo nas relacionadas com a conduta reprodutiva, crescimento econômico, tecnologia, meio ambiente, e resolução de conflitos.

O livro *Ende oder Wende* (*Fim ou Mudança*) de E. Eppler é outro trabalho recente digno de menção. As idéias de Eppler são semelhantes às de Schumacher, embora menos radicais, e sua posição é talvez interessante sobretudo porque ele é o líder do partido Social-Democrata em Baden-Württemberg e protestante convicto. No mesmo sentido, escrevi dois livros: *A Sociedade Sã* e *A Revolução da Esperança*.

Mesmo entre escritores do bloco soviético, onde a idéia de restrição à produção tem sido sempre tabu, começam a surgir vozes sugerindo que se deve meditar sobre uma economia sem crescimento. W. Harich, marxista dissidente na República Democrática Alemã, propõe um equilíbrio econômico estático de âmbito mundial, único em condições de assegurar igualdade, e evitar o perigo de dano irreparável à biosfera. Em 1972, também, alguns dos mais notáveis cientistas naturais, economistas e geógrafos da União Soviética promoveram um encontro para discutir "O Homem e Seu Meio Ambiente". Em suas agendas constavam os resultados dos estudos do Clube de Roma, que eles consideraram num espírito de simpatia e respeito, assinalando os consideráveis méritos dos estudos, muito embora não concordando com eles. (Veja-se "Technologie und Politik" na Bibliografia deste volume, para um relato desse encontro.)

A mais importante manifestação do humanismo antropológico e histórico contemporâneo, que é comum a essas várias tentativas de reconstrução social humanista, encontra-se em *The Pentagon of Power* (*O Pentagono de Força*), de L. Mumford e em todos os seus livros anteriores.

VIII

Condições para Mudança Humana e Aspectos do Novo Homem

Admitindo que esteja certa a premissa de que só uma mudança fundamental no caráter humano, de uma preponderância do modo ter para um modo de existência predominantemente ser, pode salvar-nos de uma catástrofe psicológica e econômica, surge a questão: será possível uma mudança de caráter em grande escala? Em caso positivo, como poderá ser feita?

Sugiro que o caráter humano *pode* mudar se existirem as condições seguintes:

1. Estamos sofrendo e temos consciência desse sofrimento.
2. Reconhecemos a origem do nosso mal-estar.
3. Reconhecemos haver um modo de superar nosso mal-estar.
4. Aceitamos que a fim de superar nosso mal-estar devemos seguir certas normas de vida e mudar nossa atual maneira de viver.

Esses quatro pontos correspondem às Quatro Verdades Nobres que constituem a base dos ensinamentos de Buda que tratam da condição geral da existência humana, embora não de casos de mal-estar humano devidos a circunstâncias individuais ou sociais específicas.

O mesmo princípio de mudança que caracteriza os métodos de Buda também está subjacente à idéia de Marx da salvação. Para compreender isto é necessário ter em mente que, para Marx, como ele mesmo declarava, o comunismo não era uma meta final, mas um passo no desenvolvimento histórico no sentido de libertar os seres humanos daquelas condições socioeconômicas e políticas que tornam as pessoas desumanas — prisioneiros das coisas, das máquinas, e de sua própria ambição.

O primeiro passo de Marx foi mostrar à classe trabalhadora do seu tempo, a classe mais alienada e miserável, que ela sofria. Ele empenhou-se em destruir as ilusões que tendiam a ocultar dos trabalhadores a consciência de sua infelicidade. Sua segunda medida foi mostrar as causas desse sofrimento, que ele assinala estarem na natureza do capitalismo e no caráter de ambição e avareza bem como dependência que o sistema capitalista produz. Essa análise das causas do sofrimento dos trabalhadores (mas não apenas do sofrimento deles) contribuiu para o principal empreendimento da obra de Marx, a saber, a análise da economia capitalista.

O terceiro passo foi demonstrar que o sofrimento podia ser afastado se fossem afastadas as condições do sofrimento. No quarto passo ele mostrava o novo estilo de vida, o novo sistema social que seria isento de sofrimento, inevitável no antigo sistema.

O método terapêutico de Freud era essencialmente semelhante. Os pacientes consultavam Freud porque sofriam e estavam conscientes de que sofriam. Mas em geral eles não estavam conscientes do mal de que sofriam. A primeira tarefa do psicanalista é ajudar o paciente a abandonar suas ilusões sobre o sofrimento e fazê-los saber de que consiste realmente a sua doença. O diagnóstico quanto à natureza do mal-estar individual ou social é uma questão de interpretação, e vários intérpretes podem diferir. Em geral, o dado menos importante para o diagnóstico é o próprio relato pelo paciente daquilo que ele julga ser a sua doença. A essência do processo psicanalítico é ajudar os pacientes a se tornarem conscientes das causas de sua doença.

Em conseqüência desse conhecimento, os pacientes podem chegar à fase seguinte: a intuição de que sua doença pode ser curada, desde que sejam removidas as suas causas. Ao ver de Freud, isso significava desimpedir a repressão de certos fatos ocorridos na infância. No entanto, os psicanalistas tradicionais parecem não concordar em essência quanto à necessidade do quarto ponto. Muitos psicanalistas parecem pensar que, por si, a introvisão do que foi reprimido tem um efeito curativo. De fato, isso freqüentemente acontece, especialmente quando o doente sofre de sintomas circunscritos, tais como sintomas histéricos ou obsessivos. Mas não creio que se possa conseguir algo durável por parte de pessoas que padecem de um mal-estar geral e daqueles em que se torna necessária uma mudança de caráter, a menos que mudem seu estilo de vida de acordo com a mudança de caráter que desejam conseguir. Por exemplo, pode-se analisar a dependência de indivíduos interminavelmente, mas tudo o que se conseguir saber de nada valerá se eles permanecerem na mesma situação prática em que vinham vivendo antes de conseguirem esse conhecimento. Por exemplo: uma mulher cujo sofrimento decorre da dependência para com o pai, muito embora tenha penetrado fundo nas causas da dependência, de fato não mudará a menos que mude seu estilo de vida, afastando-se do pai, não aceitando seus favores, assumindo o risco e dor que essas medidas práticas no sentido de independência possam implicar. A introvisão sem a prática será sempre ineficaz.

O Novo Homem

A função da nova sociedade é favorecer o surgimento de um novo homem, de seres cujo caráter exiba as qualidades seguintes:

- Disposição a abandonar todas as formas de *ter*, a fim de plenamente *ser*.
- Segurança, sentido de identidade e confiança com base na fé do que se *é*, na necessidade de relacionamento, interesse, amor, solidariedade com todo o mundo circunjascente, em vez do desejo de ter, possuir, controlar o mundo e assim tornar-se escravo das coisas possuídas.
- Aceitação do fato de que ninguém e nada fora de nós dá significado à vida, mas que esta independência e desinteresse podem tornar-se a condição para a mais plena atividade dedicada a cuidar e participar.
- Estarmos plenamente presentes onde estivermos.
- Alegria proveniente do dar e participar, e não do acumular e explorar.
- Amor e respeito pela vida em todas as suas manifestações, no conhecimento de que não as coisas, o poder, tudo o que é inerte, mas a vida e tudo o que é próprio a seu crescimento é sagrado.
- Tentar diminuir a ambição, o ódio e as ilusões tanto quanto possível.
- Viver sem adorar ídolos e sem ilusões, porque já se chegou a um ponto que não exige ilusões.

- Desenvolver a capacidade de amar, juntamente com a capacidade crítica, e de pensamento não emocional.
- Abandonar o narcisismo e aceitar as trágicas limitações inerentes à existência humana.
- Adotar como o supremo objetivo da vida o pleno crescimento de nós mesmos e dos nossos semelhantes.
- Saber que para atingir esse alvo é necessário disciplina e respeito pela realidade.
- Saber que nenhum crescimento é salutar se não ocorrer numa estrutura, mas saber, também, a diferença entre estrutura como um atributo da vida e "ordem" como atributo do inanimado, do inerte.
- Desenvolver a imaginação, não como uma fuga de circunstâncias intoleráveis, mas como previsão de possibilidades reais, como meio de afastar circunstâncias intoleráveis.
- Não iludir a outros, mas também não ser iludido por outros; pode-se ser chamado inocente, mas não ingênuo.
- Conhecermo-nos a nós mesmos, mas não o eu que conhecemos, mas também o eu que não conhecemos — muito embora tenhamos um vago conhecimento do que não sabemos.
- Sentir nossa identidade com a vida, e, com isso, abandonar o objetivo de conquistar a natureza, subjugando-a, explorando-a, violentando-a, destruindo-a; mas tentando, ao invés, compreender a natureza e cooperar com ela.
- Liberdade que não se confunde com gratuidade, mas a possibilidade de sermos nós mesmos, não como um feixe de desejos ambiciosos, mas como uma estrutura delicadamente equilibrada que a qualquer momento se defronte com a alternativa de decair, viver ou morrer.
- Saber que o mal e a destrutividade são conseqüências inevitáveis do fracasso em evoluir.
- Saber que apenas uns poucos conseguiram perfeição em todas essas qualidades, mas não ter a ambição de "atingir a meta", cônscio de que essa ambição é apenas outra forma de desejar ardentemente, de ter.
- Felicidade no processo de aumentar sempre o espírito de vida, seja a que ponto se consiga chegar, porque viver tão plenamente quanto se possa é tanto mais satisfatório quanto a preocupação pelo que se pode ou não se poderia conseguir tem pouca probabilidade de se revelar.

Não é objetivo deste livro sugerir que as pessoas que vivem no industrialismo cibernético e burocrático contemporâneo — seja na versão "capitalista" ou "socialista" — possam romper a forma ter de existência e aumentar o domínio do ser. De fato, tarefa deste porte exigiria um livro específico, que se poderia adequadamente intitular *A Arte de Ser*. Mas muitos livros têm sido publicados ultimamente sobre as vias para o bem-estar. Alguns são valiosos, e muitos outros são nocivos por sua falsificação, explorando o novo mercado que abastece as pessoas desejosas de livrar-se de seus males. Alguns livros valiosos e que podem ser de ajuda a quem tenha sério interesse no problema de conseguir o bem-estar são arrolados na Bibliografia deste volume.

IX

Aspectos da Nova Sociedade

Uma Nova Ciência do Homem

A primeira condição na possível criação da nova sociedade é estarmos conscientes das dificuldades quase insuperáveis que tal empreendimento defrontará. A nebulosa consciência dessa dificuldade é talvez uma das principais razões pelas quais tão pouco esforço se faz no sentido das mudanças necessárias. Muitos pensam: "Por que lutar pelo impossível? Será preferível agir como se o curso que estamos seguindo nos leve a lugar seguro e à felicidade que nosso roteiro indica." Aqueles que inconscientemente desesperam enquanto põem a máscara do otimismo não são necessariamente sábios. Mas aqueles que não perderam a esperança só podem ser bem sucedidos se forem intransigentes realistas, desprezando todas as ilusões e considerando plenamente as dificuldades. Esta lucidez assinala a distinção entre os "utópicos" despertos e os sonhadores.

As dificuldades a seguir relacionadas são apenas algumas das que a construção da nova sociedade terá que solucionar:

- Ela teria que solucionar o problema de como continuar o modo de produção industrial sem total centralização, isto é, sem chegar a um tipo de fascismo à maneira antiga ou, mais provavelmente, a um "fascismo tecnológico com a face sorridente".
- Teria que combinar um planejamento geral com alto grau de descentralização, acabando com a "economia de livre mercado", que se tornou em geral uma ficção.

- Teria que acabar com a meta de crescimento ilimitado, estabelecendo, em seu lugar, uma meta de crescimento seletivo, sem correr o risco de colapso econômico.
- Teria que criar condições de trabalho e um espírito geral em que o ganho material não seja a motivação eficaz, mas satisfações psíquicas e afetivas.
- Teria que estimular o progresso científico, e ao mesmo tempo, evitar que esse progresso se transforme em perigo para a espécie humana em sua aplicação prática.
- Teria que criar condições sob as quais as pessoas sintam bem-estar e alegria, e não a satisfação no sentido de obter o prazer máximo.
- Teria que proporcionar segurança básica aos indivíduos, sem torná-los dependentes de uma burocracia que os alimente.
- Deverá restaurar as possibilidades de iniciativa individual na vida, e não nos negócios (onde já quase não existe de modo algum).

Assim como no desenvolvimento da técnica algumas dificuldades pareciam insuperáveis, do mesmo modo as dificuldades acima arroladas parecem insuperáveis agora. Mas as dificuldades tecnológicas não foram insuperáveis porque uma nova ciência se estabelecera que proclamava o princípio de observação e conhecimento da natureza como condições para tê-la sob controle (Francis Bacon: *Novum Organum*, 1620). Essa "nova ciência" do século XVII tem atraído os mais brilhantes espíritos até hoje, e levou à realização das utopias técnicas com que o espírito humano havia sonhado.

Mas hoje, decorridos perto de três séculos, precisamos de uma ciência inteiramente nova. Precisamos de uma Ciência Humanista do Homem como base para a Ciência Aplicada e Arte da Reconstrução Social.

Utopias técnicas, como voar, por exemplo, foram conseguidas pela nova ciência da natureza. A *utopia humana* da Era Messiânica — uma nova humanidade unida, vivendo em solidariedade e paz, livre do determinismo econômico, da guerra e da luta de classes — pode ser conseguida, desde que despendamos a mesma energia, inteligência e entusiasmo na realização da utopia humana que empregamos na consecução de nossas utopias técnicas. Não se pode construir submarinos lendo Júlio Verne; não se pode construir uma sociedade humanista lendo os profetas.

Ninguém pode dizer se tal mudança de supremacia das ciências naturais para uma nova ciência social ocorrerá. Se isso acontecer, podemos ter ainda uma oportunidade de sobrevivência, mas isto dependerá de um fator: de quantos homens e mulheres sábios, disciplinados e cuidadosos sejam atraídos pelo novo desafio ao espírito humano, e pelo fato de que desta vez a meta é não o controle da natureza, mas o controle da técnica e das forças sociais irracionais bem como das instituições que ameaçam a sobrevivência da sociedade ocidental, se não da espécie humana.

Estou persuadido de que nosso futuro depende da mobilização dos melhores espíritos e sua dedicação à nova ciência humanista do homem, dada a consciência da crise atual. Porque nada, a não ser seu esforço conjunto, contribuirá para solucionar os problemas já mencionados aqui, e para atingir as metas a seguir examinadas.

Ensaios como objetivos gerais tais como "socialização dos meios de produção" converteram-se em santo-e-senha socialistas e comunistas, principalmente disfarçando a ausência de socialismo. "Ditadura do proletariado" ou de uma "elite intelectual" são rótulos não menos nebulosos e enganadores que o conceito de "economia de livre mercado" ou, de nações "livres". Os primeiros socialistas e comunistas, de Marx a Lênin, não tinham planos concretos para uma sociedade socialista ou comunista; esta foi a grande debilidade do socialismo.

Novas formas sociais que sejam a base do ser não surgirão sem muitos projetos, modelos, estudos e experimentos que comecem a sanar a distância entre o que é necessário e o que é possível. Isso, de fato, significa planejamento em larga escala e a longo prazo e propostas imediatas para os primeiros passos. O problema é a vontade e o espírito humanista daqueles que trabalhem nesses planejamentos; além disso, quando o povo perceber o quadro geral e simultaneamente reconhecer o que pode ser feito fase por fase de um modo concreto para atingi-lo, começará a sentir-se estimulado e entusiasmado em vez de temeroso.

Uma vez que as esferas política e econômica da sociedade devem ser subordinadas ao desenvolvimento humano, o modelo da nova sociedade deve ser determinado pelas exigências de um indivíduo não alienado e tendente a ser, e não a ter. Isso significa que os seres humanos nem viverão em indigência desumana — que é ainda o problema da maioria dos povos — nem ser obrigados — como o são no mundo industrial os abastados — a serem o *Homo consumens* pelas leis inerentes à produção capitalista, que demanda um aumento contínuo da produção e, portanto, obriga ao consumo crescente. Para que os homens venham um dia a ser livres e cessem de alimentar a indústria pelo consumo patológico, torna-se necessária uma radical mudança no sistema econômico: devemos acabar com a situação atual, onde uma economia saudável só é possível ao preço de seres humanos não-saudáveis. A tarefa é construir uma economia para gente saudável.

A primeira medida crucial nesse sentido é que a produção seja destinada em favor de "consumo lúcido".

A tradicional fórmula "produção para uso em vez de produção para lucro" é insuficiente, porque não especifica a que espécie de uso se refere, se doentio ou são. A esta altura, surge uma das questões práticas mais difíceis: quem determinará quais são as necessidades salutares e as que são patogênicas? De uma coisa podemos estar certos: está fora de questão obrigar os cidadãos a consumir o que o Estado decidir o que é melhor — mesmo que seja realmente o melhor. O controle burocrático que forçosamente impedisse o consumo apenas faria o povo mais faminto de consumo. O consumo sadio só pode ocorrer se um número cada vez maior de pessoas quiser alterar seus padrões de consumo e seus estilos de vida. E isso só é possível se for oferecido um tipo de consumo que seja mais atraente que o atualmente vigente. Isso não pode acontecer do dia para noite, nem por decreto governamental, mas exigirá um lento processo educacional, e nisso o governo pode desempenhar um papel importante.

A função do Estado é estabelecer normas para consumo sadio, em vez de consumo doentio e indiscriminado. Em princípio, tais normas podem ser fixadas. O Departamento Norte-Americano de Administração de Alimentos e Remédios constitui bom exemplo: ele determina que alimentos e remédios são nocivos, baseando sua determinação na opinião abalizada de cientistas em vários campos, não raro após demoradas experiências. De modo semelhante, o valor de outras mercadorias e serviços pode ser determinado por uma equipe de psicólogos, antropólogos, sociólogos, filósofos, teólogos e representantes dos vários grupos sociais de consumidores.

Mas o exame do que é útil à vida e o que lhe é nocivo requer uma pesquisa em profundidade que é incomparavelmente maior que a necessária para solucionar os problemas do mencionado Departamento. Terá que ser empreendida pela nova ciência do homem uma pesquisa básica sobre a natureza das necessidades ainda mal tangenciadas. Teremos que determinar que necessidades originam-se em nosso organismo; quais são os resultados do progresso cultural; quais são as manifestações do crescimento individual; quais são as necessidades sintéticas, forjadas e impostas ao indivíduo mediante bombardeio publicitário; quais são "ativas" e quais são "passivas"; quais decorrem de doença e quais são exigidas pela saúde psicológica.

Diferentemente do existente Departamento de Alimentação e Remédios, as decisões do novo organismo humanista de especialistas não serão impostas pela força, mas servirão apenas como linhas-mestras a serem submetidas a discussão pelos cidadãos. Já nos tornamos muito conscientes dos problemas de alimentação sadia e nociva; os resultados das pesquisas dos especialistas contribuirá para que aumente por parte da sociedade o conhecimento do que são necessidades sadias e doentias. Ver-se-á que o consumo em excesso acarreta passividade; que a necessidade de rapidez e novidade, que só podem ser satisfeitas pelo consumismo, reflete inquietação, a fuga íntima de nós mesmos; o público se tornará ciente de que a procura da novidade a ser feita ou da nova invenção a ser consumida é nada mais que um meio de proteger o seu eu da intimidade ou da intimidade com outra pessoa.

O governo pode grandemente facilitar esse processo educacional mediante subsídio à produção de mercadorias desejáveis e serviços, até que eles possam ser produzidos lucrativamente. Esses esforços devem ser acompanhados de grande campanha educacional em favor desse consumo. Pode-se esperar que um esforço conjunto para estimular o apetite para consumo sadio tem probabilidade de alterar o padrão de consumo. Mesmo que os métodos de lavagem cerebral pela publicidade que a indústria agora utiliza forem evitados — e essa é uma condição essencial — não parece fora de propósito esperar que esse esforço tenha efeito não muito menos eficaz que o da propaganda industrial.

Uma objeção comum ao programa total de consumo seletivo (e de produção) de acordo com o princípio do que estimula o bem-estar, é que na economia de mercado livre os consumidores adquirem precisamente aquilo de que precisam, e daí não haver necessidade de produção "seletiva". Esse argumento baseia-se na hipótese de que os consumidores desejam o que é bom para eles, o que é, evidentemente, redondamente falso (no caso das drogas, talvez até de cigarros, ninguém se vale desse argumento). Fato importante que o argumento manifestamente ignora é que os desejos do consumidor são fabricados pelo produtor. Não obstante as marcas concorrentes, o efeito geral da publicidade é estimular a ânsia pelo consumo. Todas as empresas auxiliam-se mutuamente nessa influência básica por meio da publicidade; o comprador exerce apenas secundariamente o duvidoso privilégio de escolher entre várias marcas em concorrência. Um dos exemplos comuns dados pelos que argumentam que os desejos dos consumidores são onipotentes é o fracasso do Edsel da Companhia Ford. Mas a falta de sucesso do Edsel não altera o fato de que mesmo a propaganda publicitária para ele não passava de propaganda para comprar automóveis — do que todas as marcas se beneficiaram, exceto o malogrado Edsel. Além do mais, a indústria influi no gosto ao não produzir mercadorias que seriam mais proveitosas aos seres humanos embora menos lucrativas para a indústria.

O consumo sadio só é possível se pudermos deter drasticamente o direito dos acionistas e dirigentes de grandes empresas de determinar sua produção exclusivamente com base na sua previsão de lucros e expansão.

Tais mudanças poderiam ser efetuadas legalmente sem alterar as constituições das democracias ocidentais, já que existem muitas leis que restringem os direitos de propriedade no interesse do bem-estar público. O que importa é o poder de dirigir a produção, e não a propriedade do capital. A longo prazo, os gostos dos consumidores decidirão o que deve ser produzido, uma vez que terá terminado o poder sugestivo da publicidade. Ou as empresas existentes terão que converter suas instalações a fim de satisfazer as novas demandas, ou, onde isto não for possível, o governo deve despender o capital necessário para a fabricação dos novos produtos e prestação dos serviços necessários.

Todas essas mudanças só podem ser feitas paulatinamente, e com aquiescência da maioria da população. Mas significam uma nova forma de sistema econômico, que é diferente do capitalismo dos nossos dias como do capitalismo do Estado soviético centralizado e da burocracia do bem-estar total sueco.

Sem dúvida alguma, desde o início as grandes empresas empregarão sua tremenda força para combater essas mudanças. Só o desejo esmagador dos cidadãos de consumo sadio poderá quebrar a resistência das empresas.

Um dos modos que os cidadãos podem adotar para demonstrar o poder do consumidor é constituir um movimento militante e empregar a ameaça de "greves de consumo" como arma. Admitamos, por exemplo, que vinte por cento dos consumidores de automóveis norte-americanos resolvam não mais comprar carros particulares, por acreditarem que, em comparação com o excelente transporte público coletivo o automóvel particular seja desperdício econômico, ecologicamente poluente e psicologicamente prejudicial — uma droga que cria um sentimento artificial de poder, aumenta a cobiça, e contribui para que o indivíduo fuja de si mesmo. Embora só um economista possa determ nar o grau em que isto constituiria ameaça à indústria automobilística — e, evidentemente, às empresas petroleiras — claro está que se acontecer essas greves dos consumidores, uma economia nacional centrada na produção de automóveis seria gravemente transtornada. Naturalmente, ninguém deseja que a economia norte-americana tenha transtornos graves, mas uma ameaça desse tipo, uma vez demonstrada (deixar de usar carros por um mês, por exemplo), daria aos consumidores uma poderosa alavanca para obrigar as mudanças em todo o sistema de produção.

As grandes vantagens das greves do consumidor são que elas não exigem ação governamental, que elas são difíceis de combater (a menos que os governos tomassem iniciativa de obrigar os cidadãos a comprar o que não querem), e que não haveria necessidade de esperar que 51 por cento dos cidadãos votassem para impor medidas governamentais. De fato, uma minoria de 20 por cento já seria extremamente eficaz para forçar mudanças. Greves de consumidores dispensam programas políticos e lemas de agitação; conservadores, liberais e esquerda humanista poderiam participar, visto que uma só motivação os uniria nesse propósito: o desejo de consumo sadio e humano. Como primeira medida para afastar a greve do consumidor, os consumidores radicais humanistas negociariam com as grandes empresas (e com o governo) quanto às mudanças reclamadas. Seu método seria basicamente o mesmo utilizado nas negociações para evitar ou acabar greves de trabalhadores.

Todo o problema referente a essa modalidade consiste em tornar o consumidor cônscio de (1) seu protesto em parte inconsciente contra o consumismo e (2) sua força potencial, uma vez que os consumidores de tendência humanista estejam organizados. Tal movimento de consumidores seria uma autêntica manifestação de democracia: os indivíduos se manifestariam diretamente e tentariam mudar o curso do desenvolvimento social de um modo ativo e não alienado. E tudo isso se basearia na experiência pessoal, e não em lemas políticos.

Mas mesmo um movimento eficaz de consumidores não bastaria enquanto durasse o poder das grandes empresas como agora. Porque mesmo o resto de democracia que ainda existe ameaça enveredar por um fascismo tecnocrático, a uma sociedade de robôs bem programados e destituídos de pensamento: o próprio tipo de sociedade tão temido sob o nome de "comunismo" — a menos que empresas gigantescas que se apoderem do governo (que se torna cada vez mais forte) e da população (mediante controle das idéias e lavagem cerebral) sejam detidas. Os Estados Unidos têm uma tradição de conter o poder das empresas gigantescas, refletido nas leis antitruste. Um sentimento público poderia fazer com que o espírito dessas leis fosse aplicado às superpotências empresariais, de modo que essas imensas organizações fossem fracionadas em unidades menores.

Para conseguir uma sociedade baseada no modo ser de existência, todos devem ativamente participar em sua função econômica como cidadãos. Por conseguinte, nossa libertação do modo ter de existência só é possível mediante a plena concretização da democracia industrial e política participatória.

Esta reivindicação encontra consenso na maioria dos humanistas radicais.

A *democracia industrial* implica que cada membro desta ou daquela grande organização industrial desempenhe um ativo papel na vida da organização; que cada um seja plenamente informado e participe no processo decisório, começando no nível do próprio processo de trabalho, medidas de saúde e segurança (isso já foi tentado com êxito por empresas suecas e norte-americanas) e, de fato, participando nas decisões de alto nível e da política da empresa. É essencial que os trabalhadores e empregados representem-se a si mesmos e não sejam representados pelos funcionários dos sindicatos, gente de fora da empresa. A democracia industrial significa também que a empresa não seja somente uma instituição econômica e técnica, mas uma instituição social em cuja vida e modo de operar todos os membros se tornem ativos e, portanto, interessados nos objetivos a culminar.

Os mesmos princípios aplicam-se ao estabelecimento de *democracia política.* A democracia pode resistir à ameaça autoritária se for transformada de "democracia espectadora" passiva numa democracia participatória — na qual as questões da comunidade sejam tão íntimas e tão importantes para os cidadãos individuais quanto seus assuntos particulares ou, melhor ainda, na qual o bem-estar da comunidade se torne preocupação pessoal do cidadão. Pela participação na comunidade, o povo acha que a vida fica mais interessante e estimulante. Na realidade, uma verdadeira democracia política pode ser definida como aquela em que a vida pode ser simplesmente considerada interessante. Por sua própria natureza, tal democracia participatória — em contraste com as "democracias populares" ou "democracias centralizadas" — não é burocrática e cria uma atmosfera que exclui virtualmente o surgimento de demagogos.

Divisar os métodos para a democracia participatória talvez seja muito mais difícil do que foi a elaboração de uma constituição democrática no século XVIII. Muitas pessoas competentes serão necessárias para empreender um esforço fora do comum no sentido de vislumbrar os novos princípios e impor os métodos para elaboração da democracia participatória. Como uma das muitas sugestões para atingir esse alvo, gostaria de reafirmar uma que fiz há mais de vinte anos, em meu livro *Psicanálise da Sociedade Contemporânea*: que sejam criados centenas de milhares de grupos de contato direto mútuo (de cerca de quinhentas pessoas cada), para se constituírem como organismos permanentes de deliberação e decisão com referência a problemas básicos nos domínios econômico, política externa, saúde, educação e meios de bem-estar. Todos esses grupos teriam acesso a todas as informações pertinentes (a natureza dessas informações é estudada mais adiante); analisariam esses dados (sem a presença de influências de fora), e votariam a questão (e, dados os métodos tecnológicos hoje disponíveis, todos os votos seriam apurados num só dia). A totalidade desses grupos constituiria uma espécie de "Câmara Baixa", cujas decisões, juntamente com a dos órgãos políticos, teria influência decisiva na legislação.

Poder-se-á indagar: "Por que fazer esses planos complicados, se as pesquisas de opinião podem desempenhar a tarefa de revelar toda a opinião do público em tempo igualmente curto?" Essa objeção fere um dos aspectos mais problemáticos da manifestação de opinião. Que vem a ser a "opinião" em que se baseiam as pesquisas, senão os modos de ver de uma pessoa, sem a vantagem da informação adequada, reflexão crítica e discussão? Além do mais, as pessoas entrevistadas sabem que suas "opiniões" de nada valem e que, portanto, não têm efeito algum. Tais opiniões constituem apenas as idéias conscientes do povo em dado momento; elas nada nos dizem sobre as tendências subjacentes que poderiam levar a opiniões contrárias se as circunstâncias mudassem. De modo semelhante, os votantes numa eleição política sabem que uma vez tenham votado em certo candidato, não mais têm influência no curso dos acontecimentos. Sob certos aspectos, votar numa eleição política é até mesmo pior que uma pesquisa de opinião, devido ao embrutecimento das idéias mediante técnicas semi-hipnóticas. As eleições se transformam numa verdadeira novela de televisão, com as esperanças e aspirações dos candidatos — e não problemas políticos — em jogo. Os votantes podem até mesmo participar no drama, ao dar seus votos aos candidatos com quem simpatizam. Muito embora grande parte da população se recuse a este gesto, a maioria das pessoas sente-se fascinada por esses espetáculos romanos modernos em que políticos, em vez de gladiadores, lutam na arena.

Pelo menos duas exigências estão implicadas na formação de uma convicção autêntica: informação adequada e conhecimento de que a decisão a ser tomada tem efeito. Opiniões constituídas por um espectador desarmado não exprimem sua convicção, não passam de um divertimento, semelhante à opinião que se tenha sobre uma marca de cigarro ou outra. Por essas razões, as opiniões manifestadas em pesquisas de opinião e em eleições constituem o pior nível de julgamento humano, e nunca o melhor. Este fato confirma-se precisamente por dois exemplos dos melhores julgamentos populares, isto é, as decisões populares são muito superiores ao nível das decisões políticas (a) em suas questões particulares (sobretudo nos negócios, como o demonstrou tão claramente Joseph Schumpeter) e (b) quando são membros de júris. Os júris são constituídos por cidadãos medianos, que têm de tomar decisões em casos não raro intrincados e difíceis de entender. Mas o corpo de jurados obtém todas as informações adequadas, tem oportunidade de demorada discussão, e sabe que seu julgamento decidirá sobre a vida e felicidade das pessoas mandadas a julgamento. O resultado é que, em geral, suas decisões exibem grande penetração e objetividade. Por outro lado, pessoas desinformadas, meio hipnotizadas e desamparadas, não têm condições de exprimir convicções sérias. Sem informação, deliberação e poder de tornar efetivas as próprias decisões, a opinião expressa democraticamente nada mais será que um aplauso nas competições esportivas.

A participação ativa na vida política exige o máximo de descentralização em toda atividade industrial e política.

Devido à lógica imanente do capitalismo vigente, as empresas e o governo aumentam cada vez mais e de fato tornam-se gigantescas, sendo administradas centralmente desde o topo da pirâmide até as bases por um aparelho burocrático. Um dos requisitos de uma sociedade humanista é que esse processo de centralização acabe, e entre em seu lugar a descentralização em larga escala. Há várias razões para isso. Se uma sociedade for transformada no que Mumford chama uma "megamáquina" (isto é, se toda a sociedade, inclusive as pessoas, for como uma grande máquina centralmente dirigida), o fascismo será quase inevitável a longo prazo, porque (a) as pessoas se tornam como carneiros, perdem sua faculdade de pensamento crítico, sentem-se inermes, ficam passivas e inevitavelmente anseiam por um líder que "saiba" o que fazer — e tudo o mais que não saibam, e (b) a "megamáquina" pode ser operada por qualquer um que tenha acesso a ela, simplesmente acionando os devidos botões. A megamáquina, como um automóvel, essencialmente vai por si mesma: isto é, a pessoa ao volante tem apenas que ligar o motor, passar marchas, frear, e prestar atenção a uns mínimos pormenores; o que num carro ou qualquer máquina são suas muitas engrenagens, na megamáquina são os muitos níveis de administração burocrática. Até mesmo uma pessoa de medíocre inteligência e capacidade pode facilmente governar um Estado uma vez que esteja no poder.

As funções governamentais não devem ser delegadas aos Estados — que em si não passam de imensos conglomerados — mas a distritos relativamente pequenos em que o povo possa julgar as pessoas por se conhecerem mutuamente e, portanto, podem participar ativamente na administração dos próprios assuntos da comunidade. A descentralização na indústria deve dar mais poder a pequenas seções no seio de uma empresa e desdobrar as empresas gigantes em pequenas entidades.

A participação ativa e responsável exige ainda que uma administração humanista substitua a gerência burocrática.

A maioria das pessoas ainda acredita que todo tipo de administração em larga escala deva exigir inevitavelmente uma "burocracia", isto é, uma forma alienada de administração. E a maioria das pessoas ignora o quanto é fatal o espírito burocrático e quanto ele invade todas as esferas da vida, mesmo onde não parece tão evidente, como no relacionamento entre médico e cliente e marido e mulher. O método burocrático pode ser definido como aquele que (a) administra os seres humanos como se fossem coisas, e (b) administra as coisas em termos mais quantitativos que qualitativos, a fim de tornar a quantificação e controle mais fáceis e baratos. O método burocrático apóia-se em dados estatísticos: os burocratas fundamentam suas decisões em regras fixas obtidas mediante dados estatísticos, em vez de responder a seres vivos que se postam diante deles; resolvem os problemas de acordo com o que for estatisticamente mais provável, e correm o risco de prejudicar os 5 ou 10 por cento daqueles que não se enquadram no esquema. Os burocratas têm medo da responsabilidade pessoal e procuram refúgio atrás das regras; sua segurança e orgulho jazem em sua lealdade às normas, e não em sua lealdade às leis do sentimento humano.

Eichmann era um perfeito exemplo de burocrata. Ele não mandou centenas de milhares de judeus para as câmaras de gás porque os odiasse; ele não amava nem odiava ninguém. Eichmann cumpria o seu dever": ele era obediente quando mandou judeus à morte; era também obediente quando encarregado simplesmente de providenciar sua emigração da Alemanha. Tudo o que lhe importava era obedecer às regras; ele só se sentia culpado quando lhe desobedeciam. Ele declarou (prejudicando o seu julgamento com isso) que se sentiu culpado apenas duas vezes: por ter gazeteado na escola quando era criança e por ter desobedecido ordens para abrigar-se durante um ataque aéreo. Isso não implica que não houvesse um elemento de sadismo em Eichmann e em muitos outros burocratas, isto é, satisfação de ter sob controle outros seres humanos. Mas esse traço sádico é apenas secundário em relação aos traços marcantes dos burocratas: sua falta de reação humana e sua adoração das regras.

Não estou dizendo que todos os burocratas são Eichmanns. Em primeiro lugar, muitos seres humanos em posições burocráticas não são burocratas pelo caráter. Em segundo lugar, em muitos casos as funções burocráticas não alteram a personalidade nem matam seu aspecto humano. Contudo, há muitos Eichmanns entre os burocratas, e a única diferença é que não tiveram que destruir milhares de pessoas. Mas quando um burocrata num hospital recusa-se a admitir um doente em estado crítico porque as regras mandam que seja encaminhado a um médico, aquele burocrata age de modo semelhante ao proceder de Eichmann. E o mesmo acontece com o assistente social que deixa morrer à míngua um desempregado para não violar certa norma do código burocrático. Esta atitude burocrática existe não apenas entre administradores; verifica-se entre médicos, enfermeiros, professores, catedráticos — assim como entre muitos maridos em relação às suas mulheres e em muitos pais em relação a seus filhos.

Desde que o ser humano seja reduzido a um número, os verdadeiros burocratas podem cometer atos de completa crueldade, não porque sejam levados pela crueldade de magnitude comparável com seus atos, mas devido a que não sentem atração humana alguma por aqueles que lhes estão sujeitos. Embora menos indignos que os sádicos, os burocratas são mais perigosos, porque neles nem sempre há conflito entre consciência e dever: sua consciência consiste em cumprir o dever; seres humanos como objeto de empatia e compaixão não existem para eles.

O burocrata à moda antiga, que se orgulhava de ser inamistoso, existe ainda em algumas empresas antigas ou em organizações de vulto, como departamentos do bem-estar, hospitais e prisões, em que um único burocrata tem considerável poder sobre pessoas infelizes ou desamparadas. Os burocratas na indústria moderna são mais amistosos e talvez tenham pouco vestígio de sadismo, muito embora possam ter certo prazer em exercer autoridade sobre as pessoas. Mas, de novo, encontramos neles aquela fidelidade a uma coisa — no caso deles, o *sistema*: eles acreditam nele. A empresa é seu lar, e suas normas são sagradas porque as normas são "racionais".

Mas nem o burocrata antigo nem o moderno podem coexistir num sistema de democracia participatória, porque o espírito burocrático é incompatível com o espírito de participação ativa pelo indivíduo. Os novos cientistas sociais devem vislumbrar planos para novas formas de administração não-burocrática em larga escala, que sejam orientadas pela reação (que reflete "responsabilidade") a pessoas e situações mais que por mera aplicação de normas. A administração não burocrática é possível, desde que tomemos em consideração a espontaneidade potencial de reação no administrador e não transformemos em fetiche o fator economizante.

O êxito na instauração de uma sociedade do modo ser dependerá de muitas outras medidas. Ao oferecer as sugestões seguintes, não pretendo absolutamente ser original; pelo contrário, sinto-me estimulado pelo fato de que quase todas essas sugestões tenham sido feitas de um modo ou de outro por escritores humanistas.*

- *Todos os métodos de lavagem cerebral na publicidade industrial e política devem ser proibidos.*

Esses métodos de lavagem cerebral são perigosos não apenas porque nos impelem a comprar coisas que nem necessitamos nem queremos, mas porque nos levam a escolher representantes políticos que nem necessitamos nem queremos se estivermos em pleno controle de nossas mentes. Mas não estamos inteiramente senhores de nossas mentes devido a métodos hipnóides empregados para nos endoutrinar. Para combater esse perigo cada vez maior, *devemos proibir o emprego de todas as formas hipnóticas de propaganda, tanto para mercadorias como para fins políticos.*

Os métodos hipnóticos utilizados na propaganda comercial e política são um grave perigo para a saúde mental, especificamente para o pensamento claro e crítico bem como independência emocional. Não tenho dúvida alguma de que estudos bem feitos de-

* Para não sobrecarregar este livro, deixo de citar a vasta bibliografia que contém propostas semelhantes. Muitos títulos são indicados na Bibliografia deste volume.

monstrarão que o dano causado pelo vício em drogas é apenas uma fração do dano causado por métodos de lavagem cerebral, mediante sugestões subliminares e até artifícios semi-hipnóticos como a repetição constante ou o desvio do pensamento racional mediante apelo ao desejo sexual. O bombardeio com métodos puramente sugestivos em publicidade, e principalmente nas mensagens comerciais de televisão é imbecilizante. Esse assalto à razão e ao senso de realidade persegue o indivíduo onde ele estiver e a qualquer hora do dia ou da noite: durante muitas horas diante da televisão ou quando dirigindo um carro por uma estrada, ou durante as campanhas eleitorais etc. O efeito principal desses métodos sugestivos é que eles criam uma atmosfera de estarmos semidespertos, de acreditarmos ou não, de perdermos o senso de realidade.

Cessar o veneno da sugestão em massa terá um efeito de afastamento sobre os consumidores, bem pouco diferente do afastamento dos sintomas que os viciados em drogas experimentam quando abandonam o vício.

• *Deve ser desfeita a distância entre as nações ricas e as nações pobres.*

Pouca dúvida há de que a continuação do aprofundamento do abismo entre as nações ricas e as pobres levará à catástrofe. As nações pobres já deixaram de aceitar a exploração econômica pelo mundo industrial como um decreto de Deus. Muito embora a União Soviética ainda explore seus Estados satélites do mesmo modo colonialista, ela usa e reforça o protesto das nações coloniais como arma política contra o Ocidente. O aumento no preço do petróleo foi o começo — e um símbolo — de exigência, pelas nações coloniais, de fim do sistema que exige que elas vendam matérias-primas a baixo custo e comprem produtos acabados a preços altos. Do mesmo modo, a Guerra do Vietnã foi um símbolo do princípio do fim da política de dominação colonial e militar pelas nações do Ocidente.

Que acontecerá se nada se fizer para desfazer essa distância? Ou a epidemia se espalhará pelas fortalezas da sociedade branca ou a fome levará a população das nações pobres a tal desespero que elas, talvez com ajuda de simpatizantes do mundo industrial, cometerão atos de destruição, até mesmo utilizando armas nucleares ou biológicas que trarão o caos às fortalezas brancas.

Esta possibilidade de catástrofe só pode ser impedida se as condições de fome, miséria e doença forem postas sob controle — e para isso a cooperação das nações industriais é de vital necessidade. Os métodos para esta ajuda devem ser isentos de todo interesse e lucro, bem como de vantagens políticas por parte das nações ricas; isto significa também que elas devem estar isentas da idéia de que os princípios econômicos e políticos do capitalismo devem ser transferidas para a África e Ásia. Evidentemente, o modo mais eficiente de ajuda econômica a ser dada (por exemplo, através de serviços ou investimento de capital) é uma questão a ser determinada por especialistas em economia.

Mas somente aqueles que se pode qualificar como verdadeiros especialistas podem atender a esta causa, indivíduos que tenham não apenas cérebros brilhantes, mas corações humanos que os mova a procurar a solução ideal. A fim de que tenham vez esses especialistas, e que suas recomendações sejam seguidas, a tendência a ter deve ser grandemente enfraquecida, e deve surgir um senso de solidariedade (e não de piedade). A ajuda deve ser não apenas aos nossos semelhantes nesta terra, mas também aos nossos descendentes. De fato, nada é mais eloqüente sobre nosso egoísmo do que quando vamos prosseguindo em nossa prática de pilhar as matérias-primas da terra, envenenando-a, e preparando a guerra nuclear. Não hesitamos nem mesmo em deixar esta terra saqueada como legado aos nossos descendentes.

Acaso ocorrerá essa íntima transformação? Ninguém sabe. Mas uma coisa que o mundo deve saber é que sem ela o abismo entre as nações pobres e ricas se tornará infranqueável.

● *Muitos dos males das atuais sociedades capitalista e comunista desapareceriam com a introdução de uma renda anual garantida.* *

O núcleo desta idéia é de que todas as pessoas, estejam empregadas ou não, tenham o direito incondicional de alimentar-se e abrigar-se. Essas pessoas receberão não mais que o estritamente necessário para manter-se — mas nunca abaixo desse nível. Esse direito exprime um novo conceito para os dias atuais, muito embora a norma seja antiga, preconizada pelo cristianismo e praticada em muitas comunidades "primitivas", segundo a qual todos os seres humanos têm direito incondicional de viver, seja qual for o "seu dever para com a sociedade". É um direito que garantimos aos nossos animais de estimação, mas não reconhecemos aos nossos semelhantes.

---

* Propus isto em 1955, no meu livro *Psicanálise da Sociedade Contemporânea;* a mesma proposta foi feita num simpósio de meados da década de 60 (organizado por A. Theobald; veja-se Bibliografia).

O reino da liberdade pessoal seria imensamente ampliado mediante tal lei; nenhuma pessoa seria economicamente dependente de outra (por exemplo, de um parente, cônjuge, patrão) e não mais teria que submeter-se à chantagem da morte à míngua; pessoas bem dotadas que desejassem preparar-se para uma vida diferente poderiam ser assistidas dessa maneira, desde que se dispusessem a sacrificar o padrão de vida por algum tempo. Os modernos Estados do bem-estar têm aceito este princípio — quase... que de fato significa "não realmente". Uma burocracia ainda "administra" o povo, ainda controla e humilha. Mas uma renda garantida não exigiria "atestado de pobreza" de pessoa alguma para obter um simples alojamento e uma ração mínima. Assim, nenhuma burocracia seria necessária para administrar um programa de bem-estar com seu desperdício característico e suas violações da dignidade humana.

A renda anual garantida garantiria verdadeira liberdade e independência. Por esta razão, é inaceitável a qualquer sistema calcado na exploração e controle, sobretudo as várias formas de ditadura. É característico do sistema soviético que até mesmo sugestões para as mais simples formas de bens gratuitos (por exemplo, transporte público gratuito ou leite gratuito) tenham sido continuadamente rejeitadas. Assistência médica gratuita constitui exceção, mas apenas aparentemente é assim, visto que, no caso, a assistência gratuita atende a uma evidente condição: deve-se estar doente para merecê-la.

Considerando o atual custo de operação de uma grande burocracia do bem-estar, o custo de tratamento de doenças físicas, especialmente psicossomáticas, criminalidade e vício em drogas (todos os quais são geralmente formas de protesto contra a coerção e tédio), parece provável que o custo de proporcionar-se a qualquer pessoa o necessário mediante uma renda anual garantida seria menor que o do atual sistema de bem-estar social. A idéia parecerá impraticável ou perigosa àqueles que acreditam que as "pessoas são basicamente preguiçosas por natureza". Este estereótipo, porém, não tem base na realidade; é simplesmente uma frase feita que serve como racionalização para a resistência contra a renúncia ao senso de poder sobre os desamparados.

- *As mulheres devem ser libertas do domínio patriarcal.*

A libertação da mulher do domínio patriarcal é fator fundamental na humanização da sociedade. A sujeição das mulheres pelos homens começou apenas a cerca de seis mil anos em várias partes do mundo, quando o excedente na agricultura permitia a contratação e exploração de trabalhadores, a organização de exércitos, e a edificação de poderosas cidades-Estado.* A partir de então, não apenas as sociedades do Oriente Médio como as européias e a maioria das culturas do planeta, foram conquistadas pelos "machos associados" que subjugaram as mulheres. Essa vitória dos machos sobre as fêmeas da espécie humana baseou-se no poder econômico dos homens e na máquina militar por eles montada.

A guerra entre os sexos é tão antiga quanto a luta de classes, mas suas formas são mais complicadas, visto que os homens têm precisado das mulheres não apenas como bestas de carga mas também como mães, amantes, consoladoras. As formas da guerra entre os sexos são, não raro, abertas e brutais, e no mais das vezes ocultas. Falta às mulheres força superior, mas reagem com suas próprias armas, a principal das quais é o ridículo dos homens.

A subjugação de metade da espécie humana pela outra metade tem causado, e continua causando, imenso prejuízo a ambos os sexos: os homens assumem as características do vencedor, e as mulheres as da vítima. Nenhuma relação entre um homem e uma mulher, mesmo hoje, e mesmo entre os que conscientemente protestam contra a hegemonia masculina, está isenta da maldição ou do sentimento de superioridade por parte dos homens, ou de inferioridade por parte das mulheres (Freud, crente convicto na superioridade masculina, infelizmente presumia que o senso de desamparo das mulheres devia-se à pretensa lástima de não terem pênis, e que os homens eram inseguros devido ao pretenso "medo de castração" universal. Aquilo de que tratamos neste fenômeno são os sintomas da guerra dos sexos, e não de diferencas biológicas e anatômicas como tais).

Inúmeros dados demonstram o quanto o controle dos homens sobre as mulheres se assemelha ao controle de um grupo sobre populações inermes. Como exemplo, consideremos a semelhança entre o quadro dos negros na América do Sul há cem anos e as mulheres daquela época, e mesmo de hoje. Negros e mulheres eram comparados a crianças; admitia-se serem emocionais, ingênuos, destituídos do senso de realidade, de modo que não se lhes confiava a tomada de decisões; supunha-se serem irresponsáveis, mas encantadoras (Freud acrescentava ao catálogo que as mulheres tinham uma consciência menos desenvolvida [superego] que a dos homens e que eram mais narcisistas).

* Estudei o primitivo "matriarcado" e a bibliografia relacionada com ele, no meu livro *Anatomia da Destrutividade Humana.*

O exercício do poder sobre aqueles que são mais fracos é a essência do patriarcado existente, como o é a essência da dominação das nações subdesenvolvidas e das crianças e adolescentes. O crescente movimento pela libertação das mulheres é de enorme significação, porque constitui uma ameaça ao princípio do poder em que se assenta a sociedade contemporânea (tanto capitalista como comunista) — isto é, se as mulheres claramente entendem por libertação o não querer participar do poder dos homens sobre outros grupos, tais como o domínio sobre povos coloniais. Se o movimento pela libertação das mulheres puder identificar seu papel e função como representante do "antipoder", as mulheres terão decisiva influência na batalha por uma nova sociedade.

Mudanças libertadoras básicas já foram feitas. Talvez o historiador no futuro venha a relatar que o fato mais revolucionário do século XX foi o início da libertação das mulheres e a queda da hegemonia masculina. Mas a luta pela libertação das mulheres mal começou, e a resistência dos homens não pode ser subestimada. Toda a sua relação com as mulheres (inclusive a sexual) se tem baseado em sua pretensa superioridade, e eles já começaram a sentir-se incomodados e ansiosos no trato com aquelas mulheres que se recusam a aceitar o mito da superioridade masculina.

Intimamente relacionada com o movimento de libertação das mulheres está a virada antiautoritária da juventude. Esse antiautoritarismo teve o auge em fins da década de sessenta; agora, através de numerosas mudanças, muitos dos rebeldes contra o *status quo* (*establishment*) tornaram-se essencialmente "bem comportados" de novo. No entanto, foi banida a rigidez da antiga adoração aos pais e outras autoridades, e parece certo que a velha "reverência" para com a autoridade não voltará.

Lado a lado com essa emancipação da autoridade segue a libertação da culpa sobre sexo: certamente o sexo deixou de ser coisa pecaminosa e de que não se fala. Embora se possa diferir nas opiniões com respeito aos méritos relativos de muitas facetas da revolução sexual, uma coisa é certa: o sexo não mais apavora as pessoas; não mais pode ser utilizado para desenvolver sentimento de culpa, e, por conseguinte, para forçar submissão.

- *Deve ser estabelecido um Supremo Conselho Cultural, encarregado da função de aconselhar o governo, os políticos e os cidadãos em todas as questões em que o conhecimento seja necessário.*

Os membros do conselho cultural deverão ser representantes da nata intelectual e artística do país, homens e mulheres cuja integridade esteja fora de dúvida. Eles deverão determinar a composição do novo Departamento de Alimentos e Remédios, em forma ampliada, e escolherão as pessoas responsáveis pela divulgação de informações.

Existe considerável consenso quanto a quem são os eminentes representantes dos vários ramos da cultura, e creio ser possível achar os membros adequados para tal comissão. É de vital importância, evidentemente, que este conselho deva representar também os que são contrários às opiniões vigentes: por exemplo, os "radicais" e "revisionistas" em economia, história e sociologia. A dificuldade não está em encontrar os membros do conselho, mas em escolher os melhores deles, porque eles não podem ser eleitos pelo voto popular, nem devem ser designados pelo governo. Entretanto, podem-se achar outros meios de selecioná-los. Por exemplo, começar com um núcleo de três ou quatro pessoas e paulatinamente ampliar o grupo até seu pleno tamanho de, digamos, cinqüenta a cem pessoas. Este conselho cultural seria amplamente financiado de modo a que tivesse condições de determinar estudos especiais sobre diversos problemas.

● *Deve ser estabelecido também um sistema de eficaz divulgação de informações.*

A informação é elemento fundamental na constituição de uma verdadeira democracia. Deve-se acabar com a prática de sonegar informações ou falseá-las sob o pretexto de "segurança nacional". Mas mesmo sem essa sonegação ilegítima de informação, permanece o problema de que o volume atual de informação real e necessária dado ao cidadão mediano é quase zero. E isso vale não apenas quanto ao cidadão mediano. Como já foi demonstrado abundantemente, a maioria dos representantes eleitos, membros dos governos, das forças de defesa e dirigentes financeiros é pessimamente informada e em grande grau desinformada por falsidades que os vários órgãos governamentais difundem e os meios de comunicação de massa repetem. Infelizmente, a maioria dessas mesmas pessoas, por sua vez, tem no máximo uma inteligência meramente manipulativa. Tem pouca capacidade para compreender as forças que atuam debaixo da superfície e, daí, serem incapazes de fazer julgamentos corretos quanto aos acontecimentos futuros, para não falar de seu egoísmo e desonestidade, do que estamos cansados de ouvir. Mas mesmo ser um burocrata honesto e inteligente não basta para resolver os problemas de um mundo prestes a enfrentar uma catástrofe.

Com exceção de uns poucos "grandes" jornais, até mesmo a informação sobre fatos políticos, econômicos e sociais é extremamente limitada. Os chamados grandes jornais informam melhor, mas também desinformam melhor: ao não publicarem as notícias imparcialmente; ao dar títulos tendenciosos, além de manchetes e subtítulos que não correspondem ao respectivo texto; sendo tendenciosos nos editoriais, escritos sob a máscara de uma linguagem sensata e moralizante. De fato, os jornais, revistas, televisão e rádio produzem uma mercadoria: notícias, desde a matéria-prima dos fatos. Só notícias são vendáveis, e os meios noticiosos determinam quais fatos são notícia e os que não o são. No melhor das hipóteses, a informação é feita, refere-se apenas à superfície dos acontecimentos, e raramente dá aos cidadãos uma oportunidade de ir além da superfície e identificar as causas profundas dos fatos. Na medida em que a venda de notícias é um negócio como qualquer outro, jornais e revistas dificilmente deixarão de imprimir o que vende (em vários graus de falta de escrúpulo) suas edições e não entre em choque com os anunciantes.

O problema da informação deve ser resolvido de modo diferente se quisermos que seja possível haver opiniões e decisões abalizadas. Como exemplo de tal modo, menciono apenas um caso: o da primeira e das mais importantes funções do Supremo Conselho Cultural, que seria de coletar e divulgar todas as informações que atendam a todas as necessidades da população inteira e, sobretudo, que sirvam de base para debate entre grupos de contato direto em nossa democracia participatória. Esta informação deve conter fatos básicos e alternativas básicas em todos os domínios em que ocorra decisão política. É de especial importância que em caso de desacordo a opinião minoritária e a opinião majoritária sejam dadas a público, e que esta informação esteja à disposição de todos os cidadãos e em particular dos grupos de confronto. O Supremo Conselho Cultural será responsável pela supervisão do trabalho deste novo organismo de notícias e, evidentemente, rádio e televisão terão papel importante na difusão desse tipo de informação.

• *A pesquisa científica deve ser separada da aplicação na indústria e na defesa.*

Embora fosse estorvante para o desenvolvimento humano a fixação de limites à demanda de conhecimento, seria extremamente perigoso o emprego prático de todos os resultados do pensamento científico. Como foi acentuado por muitos observadores, certos descobrimentos em genética, em cirurgia cerebral, em psicodrogas, e em muitos outros domínios, podem ser mal utilizados com grande malefício para a humanidade. Isso é inevitável enquanto os interesses industriais e militares sejam livres para utilizar todos os descobrimentos teóricos à vontade e sem restrições. O lucro e a conveniência militar devem parar de determinar a aplicação da pesquisa científica. Isso exigirá um órgão de controle, cuja permissão seria necessária para utilização prática de qualquer novo descobrimento teórico. Desnecessário dizer que esse órgão de controle deve ser — legal e psicologicamente — completamente independente da indústria, do governo e das forças militares. O Supremo Conselho Cultural teria autoridade para nomear e supervisionar esse órgão de controle.

- *Embora todas as sugestões feitas nas páginas precedentes sejam difíceis de se concretizar, essas dificuldades se tornarão quase insuperáveis com o acréscimo de outra condição necessária para a nova sociedade: o desarmamento atômico.*

Um dos elementos mórbidos em nossa economia é que ela precisa de uma grande indústria bélica. Mesmo hoje, os Estados Unidos, o mais rico país do mundo, têm que reduzir suas despesas com saúde, bem-estar e educação para arcar com o ônus do seu orçamento militar. O custo da experimentação social provavelmente não poderá ser suportado por um Estado que está empobrecendo pela produção de quinquilharias apenas úteis como meio de suicídio. Além do mais, o espírito de individualismo e atividade não pode respirar numa atmosfera em que a burocracia militar, adquirindo poder maior dia após dia, continue a fomentar o medo e a subordinação.

A Nova Sociedade: Haverá uma Probabilidade Razoável?

Tendo em vista o poder das empresas, a apatia e fragilidade de grandes segmentos da população, a incompetência dos líderes políticos em quase todos os países, o risco de guerra nucelar, os perigos ecológicos, para não falar em fenômenos como os de alteração climática que por si poderiam ensejar a fome generalizada em grandes áreas do globo, haverá uma oportunidade razoável de salvação?

Do ponto de vista financeiro não existe tal oportunidade; nenhum ser humano sensato arriscaria sua fortuna quando as probabilidades representam apenas 2 por cento de chance de vencer, nem faria grande investimento de capital numa empresa arriscada com a mesma escassa possibilidade de ganho. Mas quando é questão de vida ou morte, a "chance razoável" deve ser traduzida em "possibilidade real", por menor que seja.

A vida nem é um jogo de azar nem um negócio financeiro, e devemos procurar outros ângulos para uma apreciação das reais possibilidades de salvação: na arte de curar da medicina, por exemplo. Se uma pessoa doente tem a mínima chance de sobrevivência, nenhum médico responsável dirá: "já fizemos o possível", ou usará apenas paliativos. Pelo contrário, todos os meios concebíveis serão utilizados para salvar a vida do paciente. Certamente, uma sociedade doente não pode esperar menos que isso.

Julgar as chances de salvação da sociedade atual do ponto de vista da aposta ou dos negócios em vez de encará-las do ponto de vista da vida é característico do espírito de uma sociedade negocista. Há pouca sabedoria na opinião tecnocrática da moda de acordo com a qual nada há de seriamente errado em nos mantermos ocupados no trabalho ou divertimento, em não sentir, e que, mesmo que houvesse, talvez o fascismo tecnocrático não fosse tão mau afinal de contas. Mas esse é um pensamento matizado de desejo. O fascismo tecnocrático deve levar inevitavelmente à catástrofe. O homem desumanizado se tornará tão mau que não será capaz de manter uma sociedade viável a longo prazo, e a curto prazo não será capaz de deter o emprego suicida de armas nucleares ou biológicas.

Entretanto, há uns poucos fatores que podem nos proporcionar algum estímulo. O primeiro é que um número cada vez maior de pessoas reconhece agora a verdade que Mesarovic e Pestel, Ehrlich e Ehrlich e outros divulgaram: que em bases puramente econômicas tornam-se necessárias uma nova ética, uma nova atitude para com a natureza, solidariedade humana e cooperação se o mundo ocidental não quiser ser apagado. Este apelo à razão, *mesmo à parte* de considerações sentimentais e éticas, pode mobilizar os espíritos de não poucas pessoas. Ele não deve ser tomado levianamente, muito embora, historicamente, as nações tenham vez por outra agido contra seus interesses vitais e mesmo contra o impulso à sobrevivência. Elas podiam agir assim porque o povo era persuadido por seus líderes, e eles persuadiam a si mesmos, de que a opção entre "ser ou não ser" não se lhes apresentava. Contudo, se tivessem reconhecido a verdade, a reação neurofisiológica normal teria ocorrido: sua consciência das ameaças vitais teria mobilizado reação de defesa adequada.

Outro indício promissor é a crescente manifestação de insatisfação com o sistema social atual. Um número cada vez maior de pessoas sente *la malaise du siècle*: sentem-se deprimidas; têm consciência da depressão, não obstante todos os empenhos para reprimi-la. Sentem a infelicidade de seu isolamento e o vazio de sua "aglomeração"; sentem sua impotência, a falta de significado de suas vidas. Muitos percebem isso da maneira mais clara e consciente; outros sentem de modo menos claro, mas ficam plenamente conscientes quando alguém escreve sobre isso.

Até hoje, na história do mundo, uma vida de prazer oco só foi possível a uma pequena elite, e ela permaneceu basicamente sadia porque sabia que seu poder lhe permitia pensar e agir para não perder seu poder. Hoje, a vida vazia de consumo e futilidade pertence a toda a classe média, que econômica e politicamente não tem poder algum e pouquíssima responsabilidade pessoal. A principal parte do mundo ocidental conhece os benefícios do tipo de felicidade do consumidor, e número crescente dos que se beneficiam disto percebe que ele está escasseando. Começa-se a descobrir que o ter muito não enseja bem-estar: o ensino ético tradicional foi posto à prova — e está sendo confirmado pela experiência.

Só naqueles que vivem sem os privilégios do luxo da classe média a velha ilusão permanece inalterada: nas classes médias inferiores do Ocidente e entre vasta maioria nos países "socialistas". De fato, a esperança burguesa de "felicidade mediante consumo" em lugar algum está mais viva do que nos países que ainda não satisfizeram o sonho burguês.

Uma das mais sérias objeções às possibilidades de superar a ambição e cobiça, a saber, que sua força é inerente à natureza humana, perde muito de seu peso após análise mais cuidadosa. Ambição e cobiça são tão fortes não porque sejam inerentes à natureza humana e sejam inerentemente intensas, mas devido a dificuldade em resistir à pressão pública de ser lobo entre lobos. A mudança do clima social, dos valores aprovados ou desaprovados, transformará o egoísmo em altruísmo sem as dificuldades que ora aparecem insuperáveis.

Chegamos assim, de novo, à premissa de que a orientação no sentido de ser é um forte potencial da natureza humana. Apenas pequena minoria é governada pelo modo ter, enquanto outra pequena minoria é completamente governada pelo modo ser. Cada uma dessas tendências pode tornar-se dominante, e qual das duas venha a dominar dependerá da estrutura social. Numa sociedade orientada sobretudo para o ser, as tendências ao modo ter minguarão e o modo ser se nutrirá. Numa sociedade como a nossa, cuja principal orientação é para o ter, ocorre o inverso. Mas o novo modo de existência já está presente — embora reprimido. Nenhum Saulo se transforma em Paulo se já não fosse Paulo antes da conversão.

A mudança do modo ter ao modo ser é na verdade o ponteiro da balança, quando em relação com a mudança social o novo é estimulado e o velho desestimulado. Além disso, não se trata de uma questão de novo Homem tão diferente do antigo quando o céu é diferente da terra; é uma questão de mudança de sentido. Um passo na nova direção será seguido pelo seguinte, e tomados no sentido certo, esses passos significam tudo.

Entretanto, outro aspecto promissor a considerar é o que, paradoxalmente, refere-se ao grau de alienação que caracteriza a maior parte da população, inclusive seus líderes. Conforme assinalamos anteriormente na análise do "caráter mercantil", a ambição de ter e de acumular foi alterada pela tendência a meramente funcionar bem, trocar-se como uma mercadoria que é nada. É mais fácil para o caráter mercantil e alienado mudar do que o é para o caráter acumulativo, que é fanaticamente apegado a posses, e particularmente a seu ego.

Há cem anos, quando a maior parte da população consistia de "independentes", o maior obstáculo à mudança era o medo de perder a propriedade e independência econômica. Marx viveu numa época em que a classe trabalhadora era a única grande classe dependente e, como Marx julgava, a mais alienada. Hoje, a vasta maioria da população é dependente; virtualmente, todas pessoas que trabalham são empregadas (de acordo com o Relatório do Departamento Norte-Americano do Censo, para 1970. apenas 7,82 por cento do total da população trabalhadora acima de dezesseis anos de idade eram autônomos, isto é, "independentes"); e, pelo menos nos Estados Unidos, são os operários que ainda mantêm o caráter acumulativo da classe média tradicional, e que, em conseqüência, estão menos propensos à mudança do que a mais alienada classe média de hoje.

Tudo isso tem uma conseqüência política da maior importância: enquanto o socialismo lutava pela libertação de todas as classes — isto é, lutando por uma sociedade sem classes — seu apelo imediato era dirigido à "classe trabalhadora", isto é, aos trabalhadores braçais; hoje a classe trabalhadora é (em termos relativos) até mesmo minoria em relação ao que era há cem anos passados. Para chegar ao poder, os partidos sociais democráticos precisam conquistar os votos de muitos membros da classe média, e para atingir esse objetivo, os partidos socialistas tiveram que reformular seus programas que encerrava uma visão socialista para um esquema de reformas liberais. Por outro lado, ao reconhecer a classe trabalhadora como alavanca da mudança humanista, o socialismo inevitavelmente entrava em conflito com os membros de todas as demais classes, que sentiam estarem suas propriedades e privilégios sendo arrebatadas pelos trabalhadores.

Hoje, o apelo da nova sociedade dirige-se a todos os que sofrem de alienação, que são empregados, e cuja propriedade não está ameaçada. Em outras palavras, refere-se e interessa à maioria da população, e não meramente a uma minoria. Não ameaça tomar a propriedade de ninguém, e no que se refere à renda, elevaria o padrão de vida dos que são pobres. Altos salários para elevadas funções administrativas não seriam reduzidos, mas se o sistema funcionasse, não haveriam de ser símbolos de épocas passadas.

Além do mais, os ideais da nova sociedade contrariam todas as linhas partidárias: muitos conservadores não perderam seus ideais éticos e religiosos (Eppler os chama "conservadores éticos"), e o mesmo vale quanto a muitos liberais e esquerdistas. Cada partido político explora os votantes ao persuadi-los que ele representa os verdadeiros valores do humanismo. Contudo, por trás de todos os partidos políticos existem apenas dois acampamentos: o dos que cuidam e o dos que não cuidam. Se todos os que estão no campo dos que cuidam pudessem se desfazer das fórmulas feitas partidárias e compreendessem que têm os mesmos objetivos, a possibilidade de mudança pareceria consideravelmente maior; sobretudo tendo em vista que a maioria dos cidadãos tornou-se cada vez menos interessada em filiação partidária e *slogans* políticos. As pessoas hoje anseiam por seres humanos que tenham sabedoria e convicções, bem como a coragem para agir de acordo com suas convicções.

Embora existam esses fatores que alimentam esperanças, as probabilidades de mudanças humana e social permanecem escassas. Nossa única esperança reside no atrativo vitalizante de uma nova visão. Propor esta ou aquela reforma que não muda o sistema é inútil a longo prazo, porque isto não leva consigo a força impulsora de uma motivação forte. A meta "utópica" é mais realista que o "realismo" dos líderes de hoje. A consecução de uma nova sociedade e de um novo Homem só será possível se as antigas motivações com base no lucro, poder e intelecto forem substituídas por novas motivações: ser, participar, compreender; se o caráter mercantilista for substituído pelo caráter criativo, amoroso; se a religião cibernética for substituída por um novo espírito radical humanista.

Na verdade, para aqueles que não estejam autenticamente enraizados em religião teísta, a questão fundamental é a da conversão a uma "religiosidade" humanista sem religião, sem dogmas e instituições, uma "religiosidade" há muito preparada pelo movimento de religiosidade não teísta, de Buda a Marx.

Não estamos diante da alternativa entre materialismo egoísta e aceitação do conceito cristão de Deus. A própria vida social — em todos os seus aspectos no trabalho, no ócio, nas relações pessoais — será a manifestação do espírito "religioso", e não será necessário uma religião distinta. Esta exigência de uma nova religiosidade não teísta e não institucionalizada não significa um ataque às religiões existentes. Significa, porém, que a Igreja Católica Apostólica Romana, que começou com a burocracia romana, deve converter-se ao espírito do evangelho. Não significa que os "países socialistas" devam ser "dessocializados", mas que seu socialismo falseado seja substituído por um autêntico socialismo humanista.

A cultura medieval superior floresceu porque o povo seguia a visão da *Cidade de Deus*. A sociedade moderna floresceu porque o povo foi vitalizado pela visão do crescimento da *Cidade Terrena do Progresso*. Em nosso século, porém, esta visão deteriorou-se no que foi a *Torre de Babel*, que está agora começando a ruir e em última análise sepultará a todos em suas ruínas. Se a Cidade de Deus e a Cidade Terrena foram tese e antítese, a única alternativa para o caos é uma nova síntese: a síntese do núcleo espiritual do mundo medieval e do desenvolvimento do pensamento e ciência racionais desde o Renascimento. Esta síntese é a *Cidade do Ser*.

Bibliografia

Todos os livros citados no texto estão incluídos nesta Bibliografia, embora não o estejam todas as fontes utilizadas na preparação deste livro. Livros especialmente recomendados para uma leitura colateral estão assinalados com um asterisco; dois asteriscos indicam livros para leitores que disponham de tempo limitado.

AQUINO, TOMÁS. 1953. *Summa Theologica.* Editado por P. H. M. Christmann. O. P. Heidelberg: Gemeinschaftsverlage, F. H. Kerle; Graz: A. Pustet.

ARIETI, SILVANO, org. 1959. *American Handbook of Psychiatry*, vol. 2. Nova York: Basic Books.

ARISTÓTELES. *Ética a Nicômaco.* Cambridge: Harvard University Press, Loeb Classical Library.

* ARTZ, FREDERICK B. 1959. *The Mind of the Middle Ages: An Historical Survey: A.D. 200-1500.* 3.ª ed. rev. Nova York: Alfred A. Knopf.

AUER, ALFONS. "Die Aotonomie des Sttlichen nach Thomas von Aquin" ("A Autonomia da Ética Segundo Tomás de Aquino"), ensaio inédito.

——— 1975. "Ist die Sünde eine Beleidigung Gottes?" ("Será o Pecado um Insulto a Deus?"). *In Theol. Quartalsschrift.* Munique, Freiberg: Erich Wewel Verlag.

* ——— 1976. *Utopie, Technologie, Lebensqualität* (*Utopia, Tecnologia, Qualidade de Vida*). Zurique: Benziger Verlag.

* BACHOFEN, J. J. 1967. *Myth, Religion and the Mother Right: Selected Writings of Johan Jakob Bachofen.* Editado por J. Campbell; traduzido por R. Manheim. Princeton: Princeton University Press (Edição Original *Das Mutterrecht*, 1861).

BACON, FRANCIS. 1620. *Novum Organum.*

BAUER, E. *Allgemeine Literatur Zeitung* 1843/4. Citado por K. Marx e F. Engels.

BECKER, CARL L. 1932. *The Heavenly City of the Eighteenth Century Philosophers.* New Haven: Yale University Press.

BENVENISTE, EMILE. 1966. *Problèmes de Linguistique Générale.* Paris: Ed. Gallimard.

BENZ, E. Veja-se ECKHART, MESTRE.

BLAKNEY, RAIMOND B. Veja-se ECKHART, MESTRE.

BLOCH, ERNST. 1970. *Philosophy of the Future.* Nova York: Seabury Press.

——— 1971. *On Karl Marx.* Nova York: Seabury Press.

*——— 1972. *Atheism in Christianity.* Nova York: Seabury Press.

Cloud of Unknowing, The. Veja-se Underhill, Evelyn.

DARWIN, CHARLES. 1969. *The Autobiography of Charles Darwin, 1809-1882.* Editado por Nora Barlow. Nova York: W. W. Norton. Citado por E. F. Schumacher.

DELGADO, J. M. R. 1967. "Agressão e defesa sob controle rádio cerebral". Em *Agression and Defense: Neural Mechanisms and Social Patterns. Brain Function.* Vol. 5. Editado por C. D. Clemente e D. B. Lindsley. Berkeley: University of California Press.

DE LUBAC, HENRI. 1943. *Katholizismus als Gemeinschaft.* Traduzido por Hans-Urs von Balthasar. Einsiedeln/Cologne: Verlag Benziger & Co.

DE MAUSE, LLOYD, org. 1974. *The History of Childhood.* Nova York: The Psychohistory Press, Atcom Inc.

DIÓGENES, LAÉRCIO. 1966. Em *Lives of Eminent Philosophers,* Trad. de R. D. Hicks. Cambridge: Harvard University Press.

DU MARAIS. 1769. *Les Véritables Principes de la Grammaire.*

DUMOULIN, HEINRICH. 1966. *Östliche Meditation und Christliche Mystik,* Freiburg/Munique: Verlag Karl Alber.

**ECKHART, MESTRE. 1941. *Meister Eckhart: A Modern Translation.* Trad. de Raymond B. Blakney. Nova York: Harper & Row, Torchbooks.

——— 1950. Editado por Franz Pfeifer; trad. de C. de B. Evans. Londres: John M. Watkins.

——— 1969. *Meister Eckhart, Deutsche Predigten und Traktate.* Org. e traduzido por Joseph L. Quint. Munique: Carl Hanser Verlag.

——— *Meister Eckhart, Die Deutschen Werke.* Org. e trad. por Joseph L. Quint. Em *Gesamtausgabe der deutschen und lateinischen Werke.* Stuttgart: Kohlhammer Verlag.

———— *Meister Eckhart, Die lateinischen Werke, Exposition Exodi 16*. Org. por E. Benz e outros. em *Gesemtausgabe der deutschen und lateinschen Werke*. Stuttgart: Kohlhammer Verlag. Citado por Otto Schilling.
* EHRLICH, PAUL R. e EHRLICH, ANNE H. 1970. *Population, Resources, Environment: Essays in Human Ecology*. San Francisco: W. H. Freeman.
ENGELS, F. Veja-se MARX, K.
EPPLER, E. 1975. *Ende oder Wende (Fim ou Mudança)*. Stuttgart: W. Kohlhammer Verlag.
FARNER, KONRAD. 1947. "Christentum und Eigentum bis Thomas von Aquin". Em *Mensch und Gesellschaft*, vol. 12. Ed. por K. Farner. Berna: Fracke Verlag. Citado por Otto Schilling.
FINKELSTEIN, LOUIS. 1946. *The Pharisees: The Social Background of Their Faith*, vols. 1, 2. Filadélfia: The Jewish Publication Society of America.
FROMM, ERICH. 1932. "Die Psychoanalytische Charakterologie und ihre Bedeutung für die Sozialforschung". *Ztsch. f. Sozialforschung*. 1: 253-277. Caracteriologia Psicanalítica e sua importância para a Psicologia Social. *In* E. Fromm, *A Crise da Psicanálise*.
———— 1941. *O Medo à Liberdade*. Edição Brasileira, Zahar Editores.
———— 1942. "A Fé como Traço de Caráter", *in Psychiatry* 5. Reimpresso com pequenas alterações em *O Homem por Si Mesmo*.
———— 1943. "Sexo e Caráter". Em *Psychiatry* 6: 21-31. Reimpresso em *O Dogma de Cristo e Outros Ensaios sobre Religião, Psicologia e Cultura*. Edição brasileira de Zahar Editores.
* ———— 1947. *Man for Himself: An Inquiry into Psychology of Ethics*. Nova York: Holt, Rinehart and Winston.
———— 1950. *Psychoanalysis and Religion*. New Haven: Yale University Press.
———— 1951. *A Linguagem Esquecida*. Edição brasileira de Zahar Editores.
———— 1955. *Psicanálise da Sociedade Contemporânea*. Edição brasileira de Zahar Editores.
———— 1956. *A Arte de Amar*. Edição brasileira de Zahar Editores.
———— 1959. "On the limitations and dangers of Psychology". *In* W. Leibrecht, org., Religion and Culture: *Essays in Honor of Paul Tillich*.

**——— 1961. *Conceito Marxista do Homem.* Edição brasileira de Zahar Editores.
——— 1963. *O Dogma de Cristo.* Edição brasileira de Zahar Editores.
——— 1964. *O Coração do Homem.* Edição brasileira de Zahar Editores.
——— 1965. *Humanismo Socialista.* Garden City, Nova York: Doubleday & Co.
——— 1966. "O Conceito de Pecado e Arrependimento". *In* E. Fromm, *Vós Sereis como Deuses.* Nova York: Holt, Rinehart and Winston.
*——— 1968. *A Revolução da Esperança.* Edição brasileira de Zahar Editores.
——— 1970. *The Crises of Psychoanalysis: Essays on Freud, Marx and Social Psychology.* Nova York: Holt, Rinehart and Winston.
**——— 1973. *A Anatomia da Destrutividade Humana.* Edição brasileira de Zahar Editores.
——— MACCOBY, M. 1970. *Social Character in a Mexican Village.* Englewood Cliffs, N. J.: Prentice-Hall.
——— SUZUKI, D. T. e de MARTINO, R. 1960. *Zen Buddhism and Psychoanalisis.* Nova York: Harper & Row.
* GALBRAITH, JOHN KENNETH. 1969. *The Affluent Society.* 2.ª ed. Boston: Houghton Mifflin.
*——— 1971. *The New Industrial Society.* 2.ª ed. rev. Boston: Houghton Mifflin.
*——— 1974. *Economics and the Public Purpose.* Boston: Houghton Mifflin.
* HABERMAS, JÜRGEN. 1971. *Toward a Rational Society.* Trad. J. Schapiro. Boston: Beacon Press.
——— 1973. *Theory and Practice.* Org. por J. Viertel. Boston: Beacon Press.
HARICH, W. 1975. *Kommunismus ohne Wachstum.* Hamburg: Rowohlt Verlag.
HEBB, D. O. "Drives and CNS (Conceptual Nervous System)". *Psych. Rev.* 62, 4:244.
HESS, MOSES. 1843. "Philosophie der Tat" ("A Filosofia da Ação"). Em *Einundzwanzig Bogen aus der Schweiz.* Org. por G. Herwegh. Zurique: Literarischer Comptoir. Reeditado *in* Moses Hess, *Ökonomische Schriften.* Org. por D. Horster. Darmstadt: Melzer Verlag, 1972.
* ILLICH, IVAN. 1970. *Deschooling Society.* World Perspectives, vol. 44. Nova York: Harper & Row.

——— 1976. *Medical Nemesis: The Expropriation of Health.* Nova York: Pantheon.

*KROPTKIN, P. A. 1902. *Ajuda Mútua: um Fator de Evolução.* Londres. Lange, Winfried. 1969. *Glückseligkeisstreben und uneigennützige Lebensgestaltung bei Thomas von Aquin.* Diss. Freiburg im Breisgau. Leibrecht, W. Org. 1959. *Religion and Culture: Essays in Honor of Paul Tillich.* Nova York: Harper & Row.

LOBKOWICZ, NICHOLAS. 1967. *Theory and Practice: The History of a Concept from Aristotle to Marx.* International Studies Series. Notre Dame, Ind.: University of Notre Dame Press.

*MACCOBY, MICHAEL. Obra a ser publicada. *The Gamesmen: The New Corporate Leaders.* Nova York: Simon & Schuster.

MAIMONIDES, MOSES. 1963. *The Code of Maimonides.* Trad. de A. M. Hershman. New Haven: Yale University Press.

*MARCEL, GABRIEL. 1965. *Ser e Ter: um Diário Existencialista.* Nova York: Harper & Row, Torchbooks.

MARX, KARL. 1844. *Manuscritos Filosóficos e Econômicos.* Texto completo em *Conceito Marxista do Homem.* Edição Brasileira de Zahar Editores.

——— 1909. *O Capital.* Chicago: Charles H. Kerr & Co.

——— *Grundrisse der Kritik der Politischen Oekonomie (Contribuição para a Crítica da Economia Política).* Frankfurt: Europaische Verlagsanstalt, s/d. McClellan, David, ed. e trad. 1971. *The Grundrisse,* Trechos. Nova York: Harper & Row, Torchbooks.

——— e ENGELS, F. 1844/5. *A Sagrada Família, ou A Crítica da Crítica Crítica.* Ed. Bras. 2 vol.

MAYO, ELTON. 1933. *The Human Problems of an Industrial Civilization.* Nova York: MacMillan.

MEADOWS, D. H. e outros. 1972. *The Limits to Growth.* Nova York: Universe Books.

*MESAROVIC, MIHAJLO D., e PESTEL, EDUARD. 1974. *Mankind at Turning Point.* Nova York: E. P. Dotton.

MIETH, DIETMAR. 1969. *Die Einhei von Vita Activa und Vita Contemplativa. Regensburg:* Verlag Friedrich Pustet.

——— 1971. *Christus — Das Soziale im Menschen.* Düsseldorf: Topos Taschenbücher, Patmos Verlag.

MILL, J. S. 1965. *Principles of Political Economy,* 7.ª ed. rev. da ed. de 1871. Toronto: University of Toronto/Routlege e Kegan Paul.

MILLAN, IGNACIO. Obra a ser publicada. *The Character of Mexican Executives.* Morgan, L. H. 1870. *Systems of Sanguinity and Affinity of the Human Family*. Publicação 218, Washington, D.C.: Smithsonian Institution.

**MUMFORD, L. 1970. *The Pentagon of Power*. Nova York: Harcourt Brace Jovanovitch.

**NYANAPONIKA MAHATERA. 1962; 1970. *The Heart of Buddhist Meditation*. Londres: Rider & Co.; Nova York: Samuel Weiser.

*———— Org. 1971; 1972. *Pathways of Buddhist Thought: Essays from the Wheel*. Londres: George Allen & Unwin; Nova York: Barnes & Noble, Harper & Row.

PHELPS, EDMUND S., org. 1975. *Altruism, Morality and Economic Theory*. Nova York: Russel Sage Foundation.

PIAGET, JEAN. 1932. *The Moral Judgement of the Child*. Nova York: The Free Press, MacMillan.

QUINT. JOSEPH L. Veja-se ECKHART, MESTRE.

*RUMI. 1950. Selecionado, traduzido e com Introdução e Notas de R. A. Nicholson. Londres: George Allen & Unwin.

SCHECTER, DAVID E. 1959. "Infnat Development". Em Silvano Arieti, org., *American Handbook of Psychiatry*, vol. 2.

SCHILLING, OTTO. 1908. *Reichtum und Eigentum in der Altkirchlichen Literatur*. Freiburg im Breisgau: Herderische Verlagsbuchhandlung.

SCHULZ, SIEGRIED. 1972. *Q Die Sprochquelle der Evangelisten*. Zurique: Theologischer Verlag.

**SCHUMACHER, E. F., 1973. *Small Is Beatiful: Economics as if People Mattered*. Nova York: Harper & Row, Torchbooks. Edição brasileira de Zahar Editores.

*SCHUMPETER, JOSEPH A. 1962. *Capitalism, Socialism and Democracy*. Nova York: Harper & Row, Torchbooks.

SCHWEITZER, ALBERT. 1923. *Die Schuld der Philosophie an dem Niedergang der Kultur* (*A Responsabilidade da Filosofia pela Decadência da Cultura*). *Gesammelte Werke*, vol. 2. Zurique: Buchclub Ex Libris.

———— 1923. *Verfall und Wiederaufbau der Kultur* (*Decadência e Restauração da Civilização*). *Gesammelte Werke*, vol. 2. Zurique: Buchclub Ex Libris.

*———— 1973. *Civilization and Ethics*. Ed. rev. de 1923. Nova York: Seabury Press.

SIMMEL, GEORG. 1950. *Hauptproblem der Philosophie*. Berlim: Walter de Gruyter.

SOMMERLAND, T. 1903. *Das Wirtschaftsprogramm der Kirche des Mieelalters*. Leipzig. Citado por Otto Schilling.

SPINOZA, BENEDITO. 1927. *Ethics*. Nova York: Oxford University Press.
STAHELIN, BALTASAR. 1969. *Haben und Sein* (*Ter e Ser*), Zurique: Editio Academica.
STIRNER, MAX. 1973. *The Ego and His Own*: *The Case of the Individual Against Authority*. Org. por James J. Martin. Trad. por Steven T. Byngton. Nova York: Dover. (Ed. orig. *Der Einzige und Sein Eigentum*).
SUZUKI, D. T. 1960. "Lectures on Zen Buddhism", *in* E. Fromm e outros. *Zen Buddhism and Psychoanalysis*.
SWOBODA, HELMUT, 1973. *Die Qualität des Lebens*. Stuttgart: Deutsche Verlaganstalt.
*TAWNEY, R. H. 1920. *The Acquisitive Society*. Nova York: Harcourt Brace.
"Technologie und Politick". *Attuel Magazin*. Julho de 1975. Rheinbeck bei Hamburg: Rowohlt Taschenbuch Verlag.
THEOBALD, ROBERT, org. 1966. *The Guaranteed Income*: *Next Step in Economic Evolution*. Nova York: Doubleday.
TOMÁS DE AQUINO. Veja-se AQUINO, TOMÁS.
TITMUS, RICHARD. 1971. *The Gift Relationship*: *From Human Blood to Social Policy*. Londres: George Allen & Unwin.
*UNDERHILL, EVELYN, ed. 1956. *A Book of Contemplation the Which Is Called The Cloud of Unknowing*. 6.ª ed. Londres: John M. Watkins.
UTZ, A. F. OP. 1953. "Recht und Gerechtigkeit". Em Tomás de Aquino, *Summa Theologica*, vol. 18.
YERKES, R. M., e YERKES, A. V. 1929. *The Great Apes*: *A Study of Anthropoid Life*. New Haven: Yale University Press.

2023
11
12
13
14
15
16
17
18
19
20